大学生社会实践教程

主编 杨非 伍慧玲

北京理工大学出版社
BEIJING INSTITUTE OF TECHNOLOGY PRESS

版权专有　侵权必究

图书在版编目（CIP）数据

大学生社会实践教程 / 杨非，伍慧玲主编. --北京：北京理工大学出版社，2022.2（2023.9重印）

ISBN 978-7-5763-1052-8

Ⅰ. ①大… Ⅱ. ①杨… ②伍… Ⅲ. ①大学生-社会实践-高等学校-教材 Ⅳ. ①G642.45

中国版本图书馆 CIP 数据核字（2022）第 030685 号

出版发行 / 北京理工大学出版社有限责任公司
社　　址 / 北京市海淀区中关村南大街 5 号
邮　　编 / 100081
电　　话 /（010）68914775（总编室）
　　　　　（010）82562903（教材售后服务热线）
　　　　　（010）68944723（其他图书服务热线）
网　　址 / http://www.bitpress.com.cn
经　　销 / 全国各地新华书店
印　　刷 / 三河市天利华印刷装订有限公司
开　　本 / 787 毫米×1092 毫米　1/16
印　　张 / 11.25　　　　　　　　　　　　　责任编辑 / 徐艳君
字　　数 / 204 千字　　　　　　　　　　　　文案编辑 / 徐艳君
版　　次 / 2022 年 2 月第 1 版　2023 年 9 月第 4 次印刷　　责任校对 / 周瑞红
定　　价 / 39.80 元　　　　　　　　　　　　责任印制 / 施胜娟

图书出现印装质量问题，请拨打售后服务热线，本社负责调换

前　言

"纸上得来终觉浅，绝知此事要躬行。"社会实践是实现人全面发展的重要途径，对于促进大学生了解社会、了解国情，增长才干、奉献社会，锻炼毅力、培养品格，增强社会责任感具有不可替代的作用，有助于大学生更新观念，树立正确的世界观、人生观、价值观。

为了提升大学生社会实践成效，我们组织了多年从事高校大学生社会实践指导工作的一线教师结集成书。本书对大学生社会实践进行了系统的理论研究和翔实的实践探讨，采用了理论研究和实证分析相结合的方法，沿着"理论—实践—理论—实践"的路径，探讨了大学生社会实践的理论渊源、实施意义、基本形式、安全教育、实践报告、考核方式、成果推广等方面的内容，提出了增强大学生社会实践的具体思路，探索具有可操作性的实践教学模式。各位同人在具体实践教学中，可结合本校大学生的实际情况，有针对性地开展与实施。

本书由湖南机电职业技术学院的杨非、伍慧玲担任主编，由湖南机电职业技术学院刘大中、湖南大众传媒职业技术学院张敏担任副主编，湖南机电职业技术学院汤燕辉参与编写。具体编写分工为：伍慧玲编写第一章和第三章；杨非编写第二章；刘大中编写第四章、第五章和第六章；汤燕辉编写第七章；张敏编写第八章。

限于作者水平和编写时间，书中可能存在诸多纰漏之处，敬请广大师生批评指正。在写作中还参阅和引用了一些专家学者的研究成果及网络资料，谨此一并致谢。

编　者
2021 年 10 月

目 录

第一章 大学生社会实践的理论渊源 …………………………………… (1)

    一、中国古代知行观及其发展 ………………………………………… (3)

    二、国外实践教育理论 ………………………………………………… (9)

    三、马克思主义实践教育思想 ………………………………………… (13)

    四、思想政治教育与实践相结合的国外经验 ………………………… (15)

第二章 大学生社会实践的意义 ………………………………………… (19)

    一、了解社会、了解国情 ……………………………………………… (21)

    二、增长才干、奉献社会 ……………………………………………… (24)

    三、锻炼毅力、培养品格 ……………………………………………… (27)

    四、增强社会责任感 …………………………………………………… (28)

第三章 大学生社会实践的基本形式 …………………………………… (31)

    一、课内实践 …………………………………………………………… (33)

    二、课内外衔接实践 …………………………………………………… (40)

    三、课外拓展实践 ……………………………………………………… (60)

第四章 大学生社会实践安全防范 ……………………………………… (67)

    一、大学生社会实践安全工作目标及原则 …………………………… (69)

    二、大学生实践安全基本常识 ………………………………………… (74)

    三、大学生社会实践安全事故处置应急预案 ………………………… (88)

第五章　大学生社会实践报告撰写 ……………………………………………（93）

  一、大学生社会实践报告撰写规范 ……………………………………（95）
  二、大学生社会实践报告范例 …………………………………………（98）
  三、大学生社会实践活动及报告撰写训练 ……………………………（109）

第六章　大学生社会实践考核 ………………………………………………（111）

  一、构建大学生社会实践考核体系的重要性 …………………………（113）
  二、构建大学生社会实践考核体系的原则 ……………………………（114）
  三、大学生社会实践考核细则 …………………………………………（115）
  四、大学生社会实践考核应用 …………………………………………（117）

第七章　大学生社会实践成果推广 …………………………………………（119）

  一、大学生实践经验交流 ………………………………………………（121）
  二、大学生社会实践成果网络推广 ……………………………………（124）

第八章　大学生社会实践拓展阅读 …………………………………………（129）

  一、爱国主义教育示范基地 ……………………………………………（131）
  二、改革开放典型地区 …………………………………………………（164）
  三、大学生社会实践阅读书目 …………………………………………（168）

参考文献 ………………………………………………………………………（170）

第一章　大学生社会实践的理论渊源

理论来源于实践，实践是检验真理的唯一标准，对社会实践的重视，由来已久，探讨从古至今，源远流长。

一、中国古代知行观及其发展

（一）中国古代知行观：理论与实践的辩证统一

中国古代哲学对知行观的含义以及它们之间的难易、先后、轻重、分合关系进行了探讨，形成了中国哲学特有的知行观。

孔子承认有"生而知之"者，但强调"学而知之"，兼重学与思、知与行。墨子提出三表，作为判断言论是非的标准。孟子区别"耳目之官"与"心之观"的不同职能，指出"心之官则思""思则得之"。老子区别"为学"与"为道"，否定感性经验，提出"致虚极，守静笃"的认识方法。后期墨家把认识分为"闻知""说知""亲知"，注意到它们各自的特点和在认识中的作用。荀子对认识的来源和方法进行了较为深入的研究，既注重感性认识又肯定思维的能动作用，对先秦哲学的认识论进行了总结。

《荀子·劝学》和《礼记·学记》是儒家论学的名篇，前者云"知明而行无过"，后者则留下了"玉不琢不成器，人不学不知道"的名言。基于《礼记·学记》"虽有至道，弗学不知其善也"的认识，中国古代哲人对于教化和修身过程中的道德认识即道德之知是高度重视的，他们认为：要想达到善，首先应当认识何者为善；要想事事皆符合于道，首先应当认识何者为道。因此，不论是王者的教化还是个体的修身，先当明善、识道，以接受、获得正确的道德认识为先务。孔子虽承认有"生而知之"者，但《论语》一书大量讲的乃是"学而知之"。孔子有著名的"六言六蔽说"："好仁不好学，其蔽也愚；好知（智）不好学，其蔽也荡（放纵）；好信不好学，其蔽也贼（狭隘）；好直不好学，其蔽也绞（急躁）；好勇不好学，其蔽也乱（闯祸）；好刚不好学，其蔽也狂。"（《论语·阳货》）就是说，对诸种美德、品行仅仅喜好、羡慕是不够的，更重要的是对它要有全面正确的理解、认识，这样才能把握好各种道德的精神实质和全面要求，特别是它应有的度，否则必将因失度而陷入种种偏颇。这段话是孔子主动告诫子路的，可见孔子对知、学亦即道德认识的重视。

在中国古代哲学中，认识和实践的关系表述为知与行的关系，其主要观点有：行先于知，由行致知；知之明也，因知进行；以行验知，以行证知；知行并进，相资为用。中国古代哲学中的知行观由于受到当时的社会条件的限制，难免带有历史的局限性。

宋明以来，它以个人为主体，主要围绕着知行的难易、先后、轻重、分合关系展开讨论，这可以看作中国古代知行观的范式。王夫之穷尽了这一范式的发展余地，成为中国古代知行观的集大成者，在王夫之知行观的抽象理论中包含着封建主义的思想内容。

知行观是宋明理学的一个重要内容，朱熹知行观强调知难行易、知先行后，与传统知行观形成鲜明对比。明代王守仁首先在理论上反对传统知行观中对知行分先后轻重，因而提出了知行合一的理论。

知行关系即认识和实践的关系，自然是一对认识论的范畴。不过，中国古代哲人所关注的主要是道德认识和道德实践的关系，即道德之知与道德之行的关系，具有特定的含义、特别的针对性。中国古代之学所重不在知识，而在如何"做人"，"求善"是中国古代之学的宗旨，所以《大学》所列"三纲领"最终落实为"止于至善"。因此，中国自古以来即高度重视社会道德教育（教化）和个人的自我道德修养（修身）。为使教化和修身收到实效，中国古代哲人对知行这对范畴及其相互关系做了长期的深入探讨。朱熹一再强调"须先知得方行得"（《朱子语类》卷十四），"义理不明，如何践履？"（《朱子语类》卷九）他认为人们提高道德修养，当先由学而知。所以如此是因为只有通过学获得道德之知，才能将外在的道德观念、规范内化为自身的道德认识，需先从认识上明辨是非善恶，把握各种道德规范的宗旨、要求。

>> 拓展阅读

赵奢理论脱离实践（纸上谈兵）

战国时期，赵国大将赵奢曾以少胜多，大败入侵的秦军，被赵惠文王提拔为上卿。他有一个儿子叫赵括，从小熟读兵书，张口爱谈军事，别人往往说不过他，因此他很骄傲，自以为天下无敌。然而赵奢却很替他担忧，认为他不过是纸上谈兵，并且说："将来赵国不用他为将罢，如果用他为将，他一定会使赵军遭受失败。"果然，公元前259年，秦军又来犯，赵军在长平（今山西高平市附近）坚持抗敌。那时赵奢已经去世，廉颇负责指挥全军，他年纪虽高，打仗仍然很有办法，使秦军无法取胜。秦国知道拖下去于己不利，就施行了反间计，派人到赵国散布"秦军最害怕赵奢的儿子赵括将军"的话，赵王上当受骗，派赵括替代了廉颇。赵括自认为很会打仗，死搬兵书上的条文，到长平后完全改变了廉颇的作战方案，结果四十多万赵军尽被歼灭，他自己也被秦军箭射身亡。

（来源：《国学典藏》丛书编委会，《文字上的中国成语》，中国铁道出版社，2018年）

王阳明认为，知行是一个功夫的两面，知中有行，行中有知，二者不能分离，也没有先后。与行相分离的知，不是真知，而是妄想；与知相分离的行，不是笃行，而是冥行。

中国古代思想家在论证道德之知重要性的同时，更强调道德认识必须付诸道德实践。他们一再强调，只知什么是善恶而不能在行动上切实地为善去恶，那就没有道德意义。道德品质、道德境界是通过道德行为表现出来的，只有将所获得的道德认识外化、落实为道德行为，方算有德。早在先秦，《周易》即有"君子以果行育德"的训辞。孔子则更明确地主张："弟子，入则孝，出则弟（悌），谨而信，泛爱众，而亲仁。行有余力则以学文。"（《论语·学而》）在孔子看来，对道德切实躬行，做一个有道德的人是头等大事，学习文献知识只是"行有余力"之后的事。诚然，这句话未必符合今天的时代需要，但它刻意突出行的意图至为鲜明。荀子也认为："知之不若行之，学至于行而止矣。"（《荀子·儒效》）《大学》言学、问、思、辨、行，最终落实的也是笃行。从一开始儒家即认为，行才是学的最终目的，学、知是为了更好地行，离开了行，学、知就失去了实际意义。

中国古代哲人之所以无不重行正是因为有这样的共同认识，这便是道德所体现的是一种实践精神，善不能只停留在口头、文字上，而必须落实为行为，离开道德行为则无所谓德、善。

为勉励人们躬行践履道德，中国古代思想家一再提醒人们注意，他人与社会对一个人的道德评价标准全在于行而不在于言。孔子早就说，对人的了解要"听其言而观其行"。（《论语·公冶长》）后来，不少人先后指出，人们无不是"以行取人"而非"以言取人"。对此，北朝思想家刘昼认为："德行未著而称我能，犹足不能行而卖蹩药（治跛足的药），望人信之，实为难矣。"（《刘子·辨施》）不少人先后强调"行高人自重"（袁采：《袁氏世范》卷二），只有道德行为的确高尚，方能获得他人发自内心的尊重。

概言之，中国古代哲人认为，求道德之知是为了指导道德之行，道德实践才是道德认识的目的。因此，行高于知，道德实践高于道德认识。

>> 拓展阅读

就算看到也要实证

颜回随孔子在陈、蔡期间绝粮七天，子贡费了许多周折才买回一石米。颜回与子路在破屋墙下做饭，有灰尘掉进饭中，颜回便取出来自己吃了。子贡在井边远远望见，很生气，以为他偷饭吃，便跑去问孔子："仁人廉士也改变自己的节操吗？"孔子说："改变节操还叫仁人廉士吗？"子贡说："像颜回，也不改变节操吗？"孔子说："是的。"子贡便把自己看到的情况告诉孔子。孔子说："我相信颜回是仁人已非止一日，你虽如此说，我仍不会怀疑他，这里边必定有缘故。你等等，我将问他。"孔子把颜回叫到身边说："日前我梦见先人，大概是启发佑助我。你把做好的饭拿进来，我将祭奠先人。"颜回对孔子说："刚才有灰尘掉进饭里，留在锅里不干净，丢掉又太可惜，我就把它吃了，不可以用来祭奠了。"孔子说："是这样，我也一起吃吧。"颜回出去后，孔子环顾了一下身边的弟子说："我相信颜回的仁义不是从今天开始的。"孔子不偏信子贡的一面之词，用巧妙的方法做了调查研究，弄清了事情的真相。

（来源：吕不韦等，《吕氏春秋·慎人·孔子穷乎陈蔡之间》，江西人民出版社，2010年）

道德作为社会道德活动的重要形式之一，是人类改造自身、完善自身的关键环节，是一个社会道德规范体系实现其作用的重要手段，其目的是培养全面发展的人。人类道德发生发展的历史表明，道德不可能自发地产生，这其中，既要依靠主体自身的道德修养，也要依靠人类积淀和传承下来的文明的浸染和熏陶，依靠社会道德从外部进行的"灌输"式的道德教育，道德教育的关键在于践行，也就是实践。没有道德实践，任何一种核心价值观融入社会生活、影响人们的道德观念都是不可能的。在中国传统社会，道德教育是全部教育的中心和重心，"做人""成德"被看作教育的首要任务，也就是道德实践。今天，道德教育同样是现代教育不可或缺的一部分。培养人们的道德素质，塑造健全的道德人格，提升人们的道德境界，重在道德实践。

综观人类历史上那些享受盛誉的教育家们的教育理念和教育实践，都在昭示一个最基本的命题：教育的本质是人的完善，但教育的关键是实践，教育离开了践行，就是无本之木。

德育的过程是使受教育者由知而行，最后落实到行的过程，具有强烈的实践性。道德是人类把握世界的特殊方式之一，是人类完善自身的实践活动，具有鲜明的现实指向，是一种实践精神。道德教育的一般过程包括主体提高道德认识、陶冶道德情操、锻炼道德意志、树立道德信念、养成道德习惯几个环节。德育过程的最后完成体现为道德主体养成一种良好的道德习惯，即无论面临怎样的选择可能性，无论处于何种道德冲突的困境中，都能自觉选择善的行为，摒弃恶的行为。从德育的过程来看，如果说道德认识是道德教育的起点，那么，道德行为就是道德教育的最后完成，知必须转化为行，落实为行，方标志着德育过程的完成。从受教育者的角度看，将道德之知转化为行为之善，知行统一，言行一致，切实地履行道德义务，才预示着道德教育取得实效。

毋庸讳言，德育的实效性问题是当前道德领域突出的问题之一，颇遭诟病。道德教育作为一项社会的系统工程，其实效性往往会受到诸种社会因素的制约。这其中，既有社会政治经济状况、社会风气等因素对德育实效的制约，也包括施教者和受教者自身在道德上的知行脱节、言行不一、知而不行、只说不做等恶习对道德实效的影响。在现实中，一些施教者往往说的是一套，而做的却是另外一套；有些人在语言上表现为道德巨人，而在行动上却是地地道道的道德侏儒。这些不仅使德育的实效大打折扣，而且人们还会由憎恶这种虚伪不实的恶习进而怀疑并拒斥道德教育本身。此外，作为道德教育的施教者的德育观念也很重要。在现实中，不少德育教师往往将道德教育只作为一门学科知识来讲授，让学生"只在知上讨分晓"，所考核的只是学生对书本知识的记诵；在教学方法上也不善于动之以情、晓之以理，往往成为苍白无力的空洞说教。结果，受教育者只知"应当如何"，而未能将"应当如何"化为内在需要、内心自觉，未能养成受教育者羡慕美德的道德情感、道德觉悟，因此自然不能外化为道德行为，进而养成良好的道德品质。概言之，道德教育不是纯粹的知识教育，而是做人的教育；德育问题的症结不在于知，而在于行。解决道德教育的实效性问题最重要的是在行的环节上下功夫，知行统一，言行相顾，躬行践履，将道德之知落实为道德之行，将对善的认识化作切实的向善行为。就此而言，中国古代先哲重行的知行学说对今人仍有启发、借鉴意义。

（二）陶行知先生实践第一的观点

陶行知，中国人民教育家、思想家，伟大的民主主义战士，爱国者，中国人民救国会和中国民主同盟的主要领导人之一；曾任南京高等师范学校教务主任，中华教育改进社总干事；先后创办晓庄学校、生活教育社、山海工学团、育才学校和社会大学；提出了"生活即教育""社会即学校""教学做合一"三大主张,生活教育理论是陶行知教育思想的理论核心。郭沫若曾赞道:"二千年前孔仲尼,二千年后陶行知。"陶行知先生提出:"行是知之始,知是行之成。"

陶行知大学期间推崇明代哲学家王阳明的"知行合一"学说,取名"知行"。43岁时,他在《生活教育》上发表《行知行》一文,认为"行是知之始,知是行之成",并改名为陶行知。通过陶先生改名,我们可以看出他的教育理论认识论的转变——从盲目到"知行合一"再到"行知论"。陶行知认为"行是知之始,知是行之成",他用了一些简单的例子来说明这个问题,例如:小孩子必定是烫了手才知道火是热的,冰了手才知道雪是冷的,吃过糖才知道糖是甜的,碰过石头才知道石头是硬的。例子很简单也很有说服力。行,是行动,是实践,是亲身体验。知,顾名思义就是知识,在这里应该是动词,学习理论知识。陶先生强调"亲知",即从"行"中得来,亲身得来;而不仅仅是"闻知",从师得来,或从书本得来。他的"行知"认识论对于我们具有很好的指导意义。其一,学生学习方式的改变。学生走进生活,以更直接的方式参与学习,通过亲自探索发现问题、解决问题构建了自己的知识体系。其二,教师教学方式的转变。教师上课不再是按照"讲授—接受"的模式上课,教师引导和带领学生参与社会实践,因为"行不是知之成",而是"知之始"。

陶行知先生的教育思想来源于明代王阳明的"知行合一"学说,王阳明认为"知是行之始,行是知之成",陶行知则从教育实践中发现"行是知之始,知是行之成"。陶行知先生坚持实践第一的观点,他认为传统的教学只注重单纯知识的传授,而忽视了知识来源于实践又终究要服务于实践。他提出了"教学做合一"的思想,主张教与学都要以做为基础,要在做上教,在做上学。"在做上教的是先生,在做上学的是学生,先生拿做来教乃真教,学生拿做来学方实学。不在做上用功夫,教固不成教,学也不成学。"陶行知认为学校要充分利用校内外的教育资源,让学校教育走向社会,并力求为社会服务,树立"社会生活需要什么教育,学校就提供什么教育"的理念。

▶▶ 拓展阅读

陶行知先生教育学生(四颗糖的故事)

陶行知有这样一则教育学生的故事:有一个男生用泥块砸自己班上的男生,被校长陶行知发现制止后,命令他放学时到校长室去。放学后,陶行知来到校长室,男生早已等着挨训了,可是陶行知却笑着掏出一颗糖果送给他,说:"这是奖给你的,因为你按时来到这里,而我却迟到了。"男生接过糖。随后陶行知高兴地又掏出第二颗糖果放到他的手里,说:"这是奖励你的,因为我不让你打人时,你立即住手了,这说明你很尊重我,我应该奖你。"男生惊讶地看着陶行知。这时陶行知又掏出第三颗糖果塞到男生手里,说:"我调查过了,你用泥块砸那些男生,是因为他们欺负女生;你砸他们说明你很正直善良,且有跟坏人作斗争的勇气,应该奖励你啊!"男生感动极了,他流着眼泪后悔地喊道:"陶校长,我错了,我砸的不是坏人,而是同学……"陶行知满意地笑了,他随即掏出第四颗糖果递过来,说:"为你正确地认识自己的错误,我再奖给你一块糖果,我没有多的糖果了,我们的谈话也可以结束了。"

(来源:何国华,《陶行知教育学》,广东高等教育出版社,1991年)

二、国外实践教育理论

(一)国外教育家的实践教育理论

国外实践教育的理论渊源可以追溯到苏格拉底、柏拉图、亚里士多德时代,经过了洛克、夸美纽斯,然后是卢梭、斐斯泰罗齐,直至杜威。

以杜威为代表的"实用主义"认为,传统学校教育的"从听中学"严重束缚了学生的学习兴趣,他提出"从做中学"的重要命题。杜威认为仅仅传授理论的教学是抽象的、脱离学生经验的,因而教学效果往往会不理想,解决这一问题的途径就是通过职业活动。杜威创建了经验主义的课程理论体系,在1938年发表的《经验与教育》一书中,他提出以实践为中心进行教学设计,在教学中带领学生研究生活中的真实问题,在研究问题和解决问题的实践中获得"真实经验"。

实用主义教育家杜威认为,"教育即生活""教育即生长""教育即经验",强调教育内容来自社会,教育应当紧密联系社会生活,学生应当从经验中、从活动中、从做中学习,注重通过实践活动建立学习、课堂与外部生活的联系。美国的很多教育家认为,在做的过程中学到的知识,留下的印象更深刻。而大学重视对学生的实践教育,使理论与国家发展的实践紧密结合,能够更好地使大学服务于社会,这对提高学校在社会上的声誉、地位以至产生更高的经济效益也很有作用。

>> **拓展阅读**

真正的智慧与行为是相互保持一致的

古希腊哲学家苏格拉底提出"德性就是知识""真知必导出行为""无知会作恶"等观点。他认为一个人对自己真正的认识，就是德性，而德性就是知识。人应当自认其无知，方是真知，这种知也就是智慧。真正的智慧与行为是相互保持一致的。如果真的了解了就一定有所行动，否则，不算真知，真知是有实效的。一个人知道什么是善，必然会行善；知道善而又不实行善是自相矛盾，因而是不可能的。相反，如果一个人自称自己知道一件事是善，但又不去实现这件事，这恰好说明，他实际上并未真正知道这件事的好处（善），并没有关于这件事的知识。他相信，人的一切恶行都是在不知道善的情况下做出来的。人行善或是作恶，关键取决于他的知识。一个人在他有知识的事情上是善的，在他无知识的事情上则是恶的。因此，他得出"德性就是知识，真知必导出行为，无人愿意作恶"的结论。

苏格拉底说："假定了美德就是知识，则无可怀疑地美德是由教育来的。"如果不受教育，好的禀赋是靠不住的。只有智慧的见解才能使它们的所有者在德行方面丰富起来。苏格拉底说："禀赋最优良的、精力最旺盛的、最可能有所成就的人，如果经过教育而学会了他们应当怎样做人的话，就能成为最优良、最有用的人，因为他们能够做出极多、极大的业绩来；但如果没有受过教育而不学无术的话，那他们就会成为最不好、最有害的人，因为由于不知应该选择做什么，就往往会插手于一些罪恶的事情，而且由于狂傲激烈、禀性倔强、难受约束，就会做出很多很大的坏事来。"

（来源：[美]格罗斯，《苏格拉底之道》，北京大学出版社，2005年）

（二）国外实践教育的组织实施

在欧美许多大学，专业实践或实习大多是正规的教学计划，并给予一定学分。美国有的工科院校规定，大学生在大学4年学习期间要花15个月的时间在工厂、企业学习。在一些大学，学历史的要去档案馆、博物馆见习，学法律的要去立法、司法机构见习，学政治的要在政治机构或公共决策机构工作见习。

重视社会服务对于道德教育的积极作用。在韩国，汉阳大学、同德女子大学已将社会服务列为必修课，每学期安排48个学时左右，大学生必须在孤儿院、养老院等场所从事服务工作，工作单位就诚实性、自觉性与工作态度等指标加以考评并给学分。在墨西哥的大学，也开设了类似的社会服务课，并作为必修课进行考评和记录学分。

广泛开展勤工助学活动。在国外高等院校中，勤工助学活动开展得十分广泛。在日本，许多大学课外参加工作的人数比例高达89%。在美国、日本等国家，学生参加勤工助学活动的一个原因是父母和政府经济资助能力有限，但更重要的原因是，在美国、西欧及日本，年轻人的独立意识与自主要求非常强烈，很多年轻人认为满18岁以后如果一味依赖父母的资助或政府贷款是一件不太光彩的事。他们认为勤工助学的主要目的首先是赚取学费与生活费，然后才是通过工作了解社会各个领域各个阶层的生活现状，提高适应社会的能力。此外，勤工助学在人生观、价值观、道德品性方面也会让学生受到无形的、潜移默化的影响。

在以"教育立国"著称的日本，很多高校秉承教育与实践结合、与社会结合、与经济结合的理念，注重课程教育、教学实践和学生就业等三大环节。

英国牛津大学教育学系每年组织国际及比较教育专业的全体学生考察英国发展总署、联合国教科文总部及经济合作与发展组织等三地的教育处，亲身体验国际教育研究和工作。剑桥等许多知名大学的经济系学生，通常在大学二年级利用暑假到知名投资银行和会计公司等对口专业领域开展实习，为此各校的学生职业服务中心与相关行业企业一直保持着长期的合作关系。斯坦福大学设置了暑期实践研究项目，组织人文社科类学生赴意大利、土耳其、秘鲁及美国国内有关地区进行历史遗迹考察和研究，并事先为学生开设专门的讲座，教给学生如何进行观察、收集数据、访谈、问卷调查以及撰写报告等。

（三）国外重视假期社会实践

1. 美国：暑期活动是大学录取的重要依据

美国学生的生活是丰富多彩的。在美国一般公立学校有几个星期的暑期活动，暑假之前老师会在家长会上向家长分析孩子的长处以及暑期活动当中可能需要注意的地方，然后家长就会带领孩子去参加适合他们的夏令营活动。

夏令营大多数属于非营利的性质，由学校和社区的专业人员精心组织。夏令营的主题有各种各样的，比如橄榄球、登山、探险。也有一些孩子会去参观警察局、消防队来作为暑期社会实践，他们会接受邀请去参观，还能和警察局、消防队的工作人员进行接触，和他们聊天，也会在专业人员的保护下在一定范围内尝试使用专业工具，通过这样的活动来帮助学生更好地认识警察、消防队或军人这样比较专业的职业。

除此之外，当社区义工也是美国学生热衷的实践活动之一。暑假时很多社区都可以看到在当义工的学生，他们会帮助社区打扫卫生，去医院去照顾病人，到动物庇护所去照顾小动物等，也常常会看到有学生在当地的一些收容中心照顾无家可归的人，或者用油漆刷陈旧的一些建筑物。

大学在录取时会把学生的社会实践作为一个比较重要的因素加以考虑，他们希望招收到的学生会有相对个性化的和社会接触的经历。美国人参加社会实践比较注重实践的本身，他们会真正地全心投入社会实践活动当中，把参与本身看得比较重。

2. 澳大利亚：集体出行进行社会调查，家长鼓励孩子当"小大人"

只有真正参与其中才有深切感悟，这样的验证恐怕比任何的实践证明都要真实，都要来得更为真切得多。而澳大利亚的中小学社会实践活动更为特别，当然也很适合孩子们。

在澳大利亚，无论是学校还是家长都会鼓励孩子们去参加各种社会实践活动，学校每年都会有很多社会调查报告需要孩子们去完成。比如在悉尼的唐人街，中午经常会看到学校老师带着孩子们在街上到处转悠，每一个孩子手里边拿一块小板记录他们在唐人街发现了什么中国元素。这种孩子们集体出行进行社会调查的形式，在澳大利亚非常流行，每年学校都会组织很多次这样的出游活动。孩子们可以把这个作为一次外出的郊游，同时这也是一次更好地了解社会的机会。

另外，澳大利亚的家长也会鼓励孩子当"小大人"，想要什么东西自己去挣钱买，这也促成了澳大利亚中小学生打零工的风潮。

澳大利亚很多学生特别是中学生都已经拥有了自己的税号，开始自己打工赚零用钱。比如他们想买一个CD或游戏机，家长是不会提供这个费用的，需要他们自己打工赚钱以后自己购买。所有澳大利亚学生在工作方面和成年人一样，也要向澳大利亚税务局登记，正常交税，然后到了财政年度结算的时候还会有一些退税。等到孩子再长大一点到了大学里面，他们大都会有一份自己的工作，通过工作来养活自己，同时也更早地接触整个社会。

3. 日本：从幼儿园起开始组织课外活动，做义工可挣学分

日本从幼儿园起就会组织各种课外活动，比如为了培养孩子们对农业的兴趣，幼儿园每年都会安排孩子们去田里收获红薯、土豆等活动，很多学校也会组织学生们进行农业科学实验，一些城市里的父母还会把子女送到农村的小学和中学就读，或者在假期让孩子到农村去寄宿，参与农田的作业、农村社区活动等，他们称之为农村留学。通过切身体验,孩子们感受到食物的重要性以及农作物与生命的紧密关联。

现在日本社会越来越重视无偿为社会服务的精神,在考高中的时候有些学校会对参加过义工活动的学生给予更高的评价。东京从2007年开始在东京都立的高中里,把为社会无偿奉献定为学生的义务,有些大学做义工还可以取得一定的学分。

除了学校还有很多民间组织为学生们提供社会实践的机会,近年来比较受关注的是一些社会服务的夏令营。比如,有一家非营利的民间机构就组织高中生去马来西亚的森林砍伐地区植树,并参与森林资源的调查,还有的是去国外贫困地区帮助当地进行建设,让学生们与不同国家、不同民族的人密切接触,拓展事业,培养社会责任感。

三、马克思主义实践教育思想

(一)教育与劳动相结合的思想

早在16世纪欧洲文艺复兴时期,托马斯·莫尔在他著名的《乌托邦》一书中就描绘了一个充满幻想色彩的理想社会,人们"从小就学习农业,部分是在学校接受理论,部分是在城市附近的田地里实习"。17世纪的资产阶级进步经济学家约翰·贝勒斯和18世纪法国民主主义者卢梭,也主张从小教育儿童学习农业和手工业技术,凭自己的双手谋生。受卢梭的影响,瑞士民主主义教育家裴斯泰罗齐提出把学习知识和手工劳动放在一个统一的过程中结合起来的主张。在这个问题上,欧文的视角明显更高,在他看来,人类在劳动中体力与脑力的结合是"自然的价值标准"。1842—1844年欧文出版了《新道德世界书》,这本被看作欧文教育理论精华的书,着重论述了通过教劳结合培养人的理性发展和获得新社会制度的观点。欧文把劳动教育的一般教育目的与建立新社会的任务紧密地结合起来,这对形成过程中的马克思主义教育思想起到了"抛砖"作用。

1848年欧洲革命失败后,马克思潜心于教育同政治经济联系的研究,看到了教育对社会发展越来越大的作用。马克思指出:教育是生产劳动能力和改变劳动能力形态的重要手段,要使人"成为发达的和专门的劳动力,就要有一定的教育或训练"。1847年恩格斯把教劳结合写进国际工人阶级党纲领性文件《共产主义原理》。1848年马克思又把这一原则写进了《共产党宣言》。马克思主义发展了欧文教育与现代大工业的劳动结合的主张,阐述了"把有报酬的生产劳动、智育、体育和综合技术教育结合起来"的新思想。列宁的实践教育思想主要体现在他对马克思教育与生产劳动相结合思想的继承和发展上,比如,坚持实事求是的原则,把现实当起点,把原则当方向,在培养"手艺匠"和"师匠"的取舍中,力图通过普通教育、职业技术教育、综合技术教育的结合防止片面化,兼顾了受教育者的知识、技能、见识和品德等几个方面的发展。列宁还认为,贯彻教育与生产劳动相结合的原则,并非要把学校改造成为劳动场所,更不是要让学生进行搬运木材等简单的体力劳动。

(二)实践是人的身心发展的关键因素

英国教育家洛克认为人的心灵如同白板,一切观念都源于后天的经验。18世纪法国唯物主义者爱尔维修继承了英国教育家洛克"白板说"的思想,认为造成人与人之间的差异的根本原因在于教育。19世纪英国空想社会主义者欧文提出,环境才是人的发展的决定性因素。马克思指出,环境是由人来改变的,而教育者本人一定是受教育的。马克思、恩格斯特别点明了实践在人的发展中的重要作用,指出离开实践的过程与环节,人的发展将无法实现。马克思在1866年的《临时中央委员会就若干问题给代表的指示》中提出,教育三件事是智育、体育、技术培训。苏联教育家苏霍姆林斯基指出,一个人的和谐全面发展、富有教养、精神丰富、道德纯洁——所有这一切,只有当他不仅在智育、德育、美育和体育素养上,而且在劳动素养、劳动创造素养上达到较高阶段时,才能做到。

(三)实践是实现人的全面发展的条件

马克思指出,人在其本质上是一切社会关系的总和,人的精神成长与道德发展是在与各种社会关系的交往互动中实现的;同时,人只有在劳动生产实践的过程中,才能真正实现脑力劳动和体力劳动的结合。由此看来,实践是实现人的全面发展的根本途径。马克思科学地论证了人的全面发展和全面发展教育的理论,这是马克思主义教育思想的重要组成部分。马克思认为,全面发展的人是能够"把各种社会职能当作相互交替的活动方式"的人。

经济社会发展与人的全面发展是互为条件、相互渗透、相互促进、相互统一的过程。经济、政治、文化、社会等各项事业又好又快地发展,是实现人的发展的基本条件。人的全面发展是推动经济发展、社会全面进步的根本力量,是衡量社会进步的重要尺度。马克思说,未来的新社会是"以每个人的全面而自由的发展为基本原则的社会形式"。

"人始终是主体。"我们居住的地球在茫茫的宇宙中只是无数星体中的一个。达尔文进化论让我们了解了物种起源、猿猴到人这样漫长的演变进化过程,人成了地球上的万物之主。人通过劳动创造了一切,人的言行与影响以及所产生的巨大能量是地球上其他生物所不能比拟的。从凿石取火到"指南针、造纸术、印刷术、火药四大发明",从瓦特发明的蒸汽机为特征的工业革命,到现代的登月壮举和宇宙飞船升天,都写满了人类艰辛探索和智慧闪烁的结晶。这一切源于人类的社会实践。

四、思想政治教育与实践相结合的国外经验

(一)德国的思想政治教育,注重教育与生活结合

德国的思想政治教育,非常注重教育与生活实际的结合。中国学者曾经针对德国宗教伦理道德课程教科书做了仔细的研究,研究发现,其教材通篇没有呆板乏味的"教义回答"或者"教义汇编"式的教条主义色彩,而是从生活出发,极其富有启发性。教材中提出了很多表面看起来浅显易懂,实际上却蕴含着深刻内涵的问题,不失趣味性又发人深省。教科书中还讨论了关于战争的起因、恋爱(包括同性恋)、家庭、死亡、恐惧、自杀、人生各个阶段上的担心、苦闷等问题。这些在实际生活中必然会面临的问题一一出现在德国的教科书当中,使学生能够清楚地知道这些问题的存在以及该如何应对这些问题,这无疑会对学生的人生产生莫大的帮助,有利于学生人格的完善、价值取向的端正和思想道德水平的提高。

强调家庭教育和劳动教育。家庭是德国传统沿袭的核心,被誉为社会与国家的"胚胞"。家庭教育是学校教育中不可替代的、非常重要的补充和完善,若没有家庭教育的配合,学校众多道德教育的目标是无法完成的。德国传统的家庭内部以父亲为主导,决定则是协商性的,家庭所承担的各种道德教育就是通过这种模式将德国社会的基本价值观自然地传递下去的,这些价值观包括秩序、清洁、道德与性规范、爱情、情感安全、诚实和忠信等。现代德国新的价值观念应运而生,如独立、学会处理矛盾冲突和知识的创新能力等。正是家庭生活的这种轻松的氛围和非正式的弹性教育,恰好弥补了学校教育的缺漏,家庭和学校双管齐下,更有利于思想政治教育工作的展开。德国同样对劳动教育非常重视。德国的家长们并不像中国的父母一样,给自己的孩子包办事情。德国的

法律也有明文规定，不同年龄段的孩子需要为家庭承担不同程度的劳动，例如刷碗、扫地、打扫花园、为家人擦鞋等。学校也要求学生必须承担一定量的体力劳动，像教室的清扫、农场或工厂的实习工作等。伦理课还规定，学生必须在假期到医院、养老院或者福利院服务1~2周，完成社会服务时间的要求。在德国人的观念里，劳动教育不仅能够培养孩子的劳动能力，也能够增强孩子的劳动观念及社会责任感。

（二）加拿大的思想政治教育，校园基地与社区活动相结合

加拿大高校对学生进行思想道德教育主要通过开设社会这门课程。开设这门课程的主要目标是加强人与人之间的交流与学习，在很多方面推进了学生对社会各种问题的深层了解及参与，使学生明白和了解在加拿大社会如何更好地生存、更好地立足。高校思想道德教育社会实践活动具有丰富多彩性，同时也为培养学生全方面发展提供了更大的可能性。为了能够把学生培养成具有高度责任心和能力强的专业人才，加拿大政府十分重视"服务于社会"在思想道德教育中的有效运用。他们将高校与社区服务有效结合，将学生的社会实践活动课程与社区服务相结合，使学生能主动参与到社会实践活动中，培养学生具有道德意识和道德责任，在获得知识的同时提高自身的能力，并且有利于培养团队成员互相合作精神。多方面研究表明，将学生的实践活动发展到社会的方方面面，更加有效地提高学生的综合能力和素质，进一步达到高校育人的目标，推进高校更好地发展。

加拿大公民认为，要使国家更加繁荣昌盛，必须使每一位公民都具备较高的道德品质和修养，没有什么事情比培养既有能力又有高度责任心的公民更加关键。许多大学在校园建有历史文物，作为学生社会实践的基地，例如多伦多大学校园建有第二次世界大战的纪念碑及纪念广场等，利用这些基地宣扬加拿大的价值理念和政治规章制度，对大学生进行政治教育和思想道德教育。

（三）澳大利亚的思想政治教育通过实践活动实现

澳大利亚的思想教育是通过具体的服务来实现的，学校通过日常大量具体细致的服务在潜移默化之中实现对学生的教育。学校组织学生开展第二课堂、义工服务、社团活动、学生大使、环保行动、一对一辅导等各种活动，并努力让更多的学生参与进来。

密歇根大学原校长杜德斯达说："当校友们被问及真正的大学教育是什么，他们几乎从未提到过课程，这些东西在期末和毕业以后很快就消失了。相反，他们记得的是参

加过的社团、所遇到的老师和同学以及他们所结交的友谊。"

相对课堂讲授，公益类社团可以更好地培养品德；体育户外类社团能培养吃苦和不怕失败的精神，还能强壮体魄；表演艺术类社团能培养大众沟通能力；科技专业类社团可探索个人兴趣和职业生涯。更重要的是，社团能够培养学生之间的终生友谊。在一个技术进步快、社会需求不断变化、人的寿命延长的新时代中，大学生要做好终身学习的准备，而终生适应能力常常来自课堂外的训练——社团活动。

（四）英国以学生的实际工作效率评定学生学习情况

英国教育以实际工作效果作为评定学生学习成绩的依据。学生如果想学习某种职业技能，可以根据需要设计模拟实际工作的项目，按照国家职业资格标准来实施项目，在实际操作中掌握相应的知识和技能，同时接受考评员的监督和指导。早在1975年英国就组建了全国性的教学公司，由教学公司出面组织各大高校和企业界共同参加科技协作项目，联合培养高质量的应用型人才，并每年都在私有企业与公共部门为大学生设置超过2000个的实习岗位，希望实习计划能够帮助大学生获得有用的工作经验。政府为此承担一半的费用，剩下的则由大学、地区发展署以及雇主承担。英国教育强调将道德教育内容渗透到其他课程和学科的教育之中，进行有关的道德行为准则和社会价值观的教育，并通过开展各种活动对学生进行道德教育。

（五）美国把服务学习作为思想政治教育的方式

组织学生参与社会实践的过程也是进行思想政治教育渗透的重要途径。服务学习是美国青少年思想政治教育的一个有效形式。服务学习，即"学生不断参与有组织的与课堂学习相关的且满足社区需要的服务活动，并通过日志、课堂讨论等经验活动，把服务经验与课程内容以及公民责任等方面的个人成长联系起来"。美国学校有着形式多样、内容广泛的社团活动，也有着丰富多彩的文体、庆典活动，这些活动渗透着德育意识和政治内容，既丰富了学生的课余生活，也有效地提高了学生的思想政治素质。通过这种实践方式，学生了解社会，形成社会责任感和伦理道德观念。利用奥运会、发射航天飞机这样的实践参与活动，宣扬"美国精神"；通过升旗仪式、节日庆典、文艺演出等活动，灌输爱国主义和效忠国家的思想。其"竞选"活动强化公众"民主意识"，"增强人们对政权和共同体的支持"，使受教育者接受教育，从而在不知不觉中达到教育的目的。

第二章 大学生社会实践的意义

列宁在《青年团的任务》中曾经说过:"学习、教育和训练如果只限于学校以内,而与沸腾的实际生活脱离,那我们是不会信赖的。"著名教育家杜威说:"不能有两套伦理学原则,一套为校园生活,另一套为校外生活。因为行为是一个,因此行为的原则也只是一个。"古人也认为:"纸上得来终觉浅,绝知此事要躬行。"社会实践是实现人的全面发展的重要途径。中共中央、国务院《关于进一步加强和改进大学生思想政治教育的意见》中指出:"社会实践是大学生思想政治教育的重要环节,对于促进大学生了解社会、了解国情,增长才干、奉献社会,锻炼毅力、培养品格,增强社会责任感具有不可替代的作用。"大学生社会实践活动是引导大学生走出校门、接触社会、了解国情,使理论与实践相结合的良好形式,有助于大学生更新观念,树立正确的世界观、人生观、价值观。

一、了解社会、了解国情

当前,部分大学生对国家政策、国家实事漠不关心,对民间疾苦缺乏关注,"两耳不闻窗外事",家国情怀、忧患意识就无从谈起。经济的高速发展带来信息的快速传播,大学生作为年轻朝气的一代,理应了解国家现状。事实上,据调查,66%的大学生表示"上网时,用在了解国情现状上的时间较少",12%的大学生对国家大事"一点也不了解",还有一小部分表示对国家大事的了解基本源于听周边人的讨论,被动关注国家大事。他们中部分人认为国家实事与他无关或者国家政策枯燥无味,对于党的会议、政府工作报告的学习也只是流于形式,只有在国家政策关系到他们切身利益时才会主动选择关注。长此以往,这些大学生将闭目塞听、目光短浅,不利于他们的成长。

大学生社会实践以了解社会、服务社会为主要内容,以形式多样的活动为载体,以稳定的实践基地为依托,以建立长效机制为保障,引导大学生走出校门、深入基层、深入群众、深入实际,切身感受祖国的大好河山、经济的快速发展、人民生活的显著改善。在社会实践中,大学生可以拓宽对国情认识的知识面,增加对国情的感性认识,了解现实国情的本质特征,这是对大学生进行国情教育的一条必要渠道,而国情教育离开了社会实践只能是纸上谈兵。目前我国大多数高校会在教学过程中或假期中安排形式多样的社会实践活动,如科技下乡服务、社会调查、志愿活动等。中华民族有着辉煌的文明史,在中华大地上,处处都有古代文明和现代文明的辉煌成就,大学生通过社会调查、参观访问等实践活动,可以了解中华民族的文明发展史、艰苦奋斗的革命史,了解中华民族伟大的精神和灿烂的文化。大学生对国家的繁荣与进步、社会的发展抱有很高的期望，但对国情、民情缺乏了解，容易用理想的眼光看待社会与人生，用书本知识简单地衡量复杂的现实生活。通过社会实践使大学生深入了解国情民意，有利于他们端正思想认识，自觉地把个人理想融入国家和民族发展的大业中，确立正确的世界观、人生观和价值观，增强为国家和民族发展贡献力量的责任感和使命感。

例如，清华大学校团委组织开展了"学习调研团"社会实践，共有25个支队、近300名学生深入全国各地开展调研实践，深度认识社情民意。

（一）走进重点行业，感受祖国发展脉搏

为了系统了解国家大数据战略的政策支持、实施现状和重点方向，"大数据时代的红色征程"支队前往贵州实地走访了贵州国家大数据综合试验区与贵州省大数据发展管理局，并与云上贵州公司总裁和大数据应用推广负责人进行了座谈。清华大学汽车系本科生魏一凡同学在实践报告中写道："令我印象最深的就是贵州省推动大数据产业发展的执行力度，不仅充分利用自然条件建设数据中心，将数据从物理集聚转变为逻辑集聚，而且在政府各部门间实现数据共享，引领全省数据开放，为学者研究、企业进驻铺平道路，有助于形成产学研一体的生态体系。"

为了调研交通便捷程度对高新技术产业发展和区域协同发展的影响，"蜀道新颜"支队来到了地处秦巴山区的陕西省汉中市。支队与汉中市及其部分下属区县的政府相关部门进行了座谈，参观了生物制药企业等有代表性的高新技术企业，调研了当地政府在高铁时代对高新技术产业发展的政策支持。电子系本科生成大立说："高铁建设在带动高新科技企业发展方面所起的作用至关重要。面对高铁时代的到来，对于地方政府和企业来说，最重要的事情就是牢牢把握新的发展理念。以前交通闭塞条件下'自给自足'的缓慢的发展模式今天已经不适合实际情况了。"

（二）深入基层，认识社情民意

在新一轮的医疗改革背景下，北京协和医学院、清华大学医学部的学生们组成了"白衣乡路"支队，前往黑龙江省齐齐哈尔市泰来县，就当地医疗发展现状、医疗改革举措和成效，特别是分级诊疗和医疗扶贫的开展情况，进行了系列调研、宣传、服务。在实践过程中，学生们了解了社会需求，坚定了专业理想，在社会医疗环境的发展与变革中明确了自身坐标。

为了深入了解环保政策在基层的落实情况,"供暖改革"调研支队在"煤改气"背景下,来到了河北省望都县多个乡镇走访,与政府部门和燃气供应商就"煤改气"政策执行情况进行座谈。工物系学生黄天翼说:"要使一个政策发挥出最好的效果,从制定方案,到全局统筹,再到基层落实,各个层面都要把工作做细做实,这样才能在复杂的实际情况中找到群众满意的解决方法,切实把为人民服务落到实处。"

(三)探索行业领域,聚焦发展前沿

土木工程行业如何将大数据、智能科技等融入自身发展过程中?带着这个问题,"未梦前行"调研支队用5天的时间,前往北京市轨道交通指挥中心、高德地图公司、戴姆勒–奔驰公司、美团公司总部、中海油公司等地进行参观实践,采访了多位专家、校友,形成了近30篇文稿和录音整理稿。新时代交通与大数据研究紧密结合,是以个体微观统计为基础形成整体数据,再通过分析处理,最终影响个体的行为,指导个体的生活。支队长土木73班胡雪阳感慨地说:"当前我国在大数据方向取得的成就令人鼓舞!这既是一代代IT人奋斗努力的结果,也是我国政府政策正确导向的必然结果。"

▶▶ 拓展阅读

清华学子《乡村八记》震撼总理

清华大学新闻与传播学院二年级学生李强,2005年寒假期间利用回山西太原老家的机会,8天之内对山西东南部2个县、4个乡和3个村的农村现状进行了调查,以札记的方式写成了4万字的调查报告《乡村八记》。

1月28日,离农历乙酉年春节还有11天,20岁的李强坐上了一辆中巴车前往太行山区。作为一个自小生长在太原的城市年轻人,这个清华大学新闻与传播学院二年级学生对农村及农民的认识正如他后来所说,"纸上得来终觉浅"。

此行,他想到山西省东南部的沁源县和沁县作寒假社会实践调查:以传统农业为主导的乡村在这个社会转型的年代的境况到底如何?

从现代工业城市太原,到传统的乡村世界,只需要两个半小时的车程。8天之后,在返回城市的路上,李强问自己:一部从传统乡村社会到现代工业社会的发展史,仅仅持续两个小时,是不是过快了一些呢?

李强的第一站是他的农村二姨家。在为二姨家算了去年的收入与支出账后，他感觉到了震撼：二姨一家人一年忙到头还要欠别人898.76元。辛劳一年竟然入不敷出！李强在调查报告中将之归结为"教育支出过于庞大"。在他的这个亲戚家中，三个孩子上学一年的教育投入共计8200元，这对于农民来说无异于天文数字。而他的亲戚家，在村中收入还算是比较高的。

李强在调查报告中感叹：对于出身农家的子弟，若想脱离农村，改变自己的命运，读书上大学可谓是唯一的出路，但是教育的成本之高已使一部分农家子弟望而却步，读书到底要花多少钱？

以震撼开头，调查在忙碌中进行，伴随的是愈来愈强烈的沉重。在8天时间里，他看到了美丽山村背后的贫穷落后、示范村的表面政绩和数字水分、县城食品工业的萧条衰败、县城宾馆的畸形繁荣。他的调查涉及农村的方方面面，如农民增收难题、农村教育、税费改革、乡村公共事务管理、村干部选举。

两个县农村里的所见，可能更超出了李强此前的想象。此前，他的关于农村的印象，来自父母之口及书本，包括曹锦清教授的《黄河边的中国》。8天之后，他结束了调查。一个月后，他写出了4万字的《乡村八记》，这是一篇在行文风格上像极了《黄河边的中国》的农村调查报告。

三个月后，同样是28日，看到了《乡村八记》的温家宝总理说：《乡村八记》是一篇有内容有建议的农村调查，记事真切、细致、生动，读后让人了解到农村的一些真实情况，给人以启示。一位二年级的大学生如此关心农村，实属难得。

后来，回头这8天的调查，李强说，"这既是我踏入社会的第一步，也是我为之奋斗的第一步！"这次调查的收获是沉甸甸的。

（来源：《南方都市报》，2005年6月19日01版，《清华学子〈乡村八记〉震撼总理》）

二、增长才干、奉献社会

毛泽东同志在《实践论》中说："人的社会实践，不限于生产活动一种形式，还有多种其他形式，阶级斗争，政治生活，科学和艺术的活动，总之社会实际生活的一切领域都是社会的人所参加的。"人在学校学习无论多长时间，学到的知识大多数是扩大和加深知识面的宽度和深度，以及培养自己的思维能力，为将来到实践中去做准备。每个人最终总要到实践中去，在社会上得到一个工作岗位，从事社会活动，以满足个人和家人的物质需求和精神需求，为社会做出贡献。这也就是从"知"落实到"行"上。在实践中究竟能学到什么？在实践中能获真知，出智慧，长才干，创业绩。

大学生以课堂学习为主要接受方式，但这些理论知识往往难以直接运用于现实生活之中。社会实践使大学生接近社会和自然，获得大量的感性认识和许多有价值的新知识，同时让大学生能够把自己所学的理论知识与接触的实际现象进行对照、比较，把抽象的理论知识逐渐转化为认识和解决实际问题的能力。

例如湖南机电职业技术学院大学生暑期"三下乡"活动，以"专业为导向，个性化服务"为主题开展各项实践活动。炎炎夏日，志愿者们跋山涉水、走街访巷，在山野田间的泥土里，在石头砌成的教室里，在满是稻香的农家里，在留守老人与孩童的微笑里，在村民期盼科技兴农的眼神里，用热情、智慧、拼搏、付出彰显着当代大学生的责任与担当，用自身的经历讲述着这个特殊旅途中的所感所思，演绎着鲜活灵动的"镜头下的三下乡"。

（一）行走偏僻乡村，上门志愿服务

龙山县水田坝镇的泥土路上，湖南机电职院 12 名志愿者组成的团队，正走家串户维修电器。村里交通不便，村民的电器坏了也没处修，听说有年轻人上门修家电，还是免费的，村民们早早就把要维修的电器集中到了一起。一位近 60 岁的奶奶把一台产于 20 世纪 80 年代的电风扇搬了过来："这算是我和老伴儿的结婚纪念物，对我来说很重要，你们能帮我修好吗？"因款式老旧，很难找到原装的机体外壳，这让志愿者们觉得棘手。机械工程学院（二级学院）大三学生胡毅鹏研究了好一会儿，将摔掉的一角进行原材料的拼接固定，复原后的电风扇终于可以正常运转了，奶奶激动得说不出话来。

半个月来，志愿者们修好了电器 158 件，不仅维修费不收分文，电器配件都是赠送的。与此同时，汽车工程学院（二级学院）大二学生谈时还义务为村民理发，下身瘫痪的老爷爷、长发披肩的流浪者、头发上有虫卵的留守女孩……在枫坪村、猛必社区、水田坝社区等地，谈时共计义务理发 93 次。

（二）运用专业知识，助力乡村振兴

龙山县水田坝镇中湾村青山绿水，土地肥沃，但这里村民收入很低。由电商专业成

立的科技支农帮扶团的 18 名志愿者来到中湾村,给当地农户的农作物搭建电商平台,帮助村民增收致富。

在当地农村合作社的帮助下,志愿者们充分发挥电子商务专业知识,对当地的农产品进行了考察,收集了玉米、土豆、辣椒等 13 种农作物,结合实地情况,确定了"水田玉米""水果玉米"作为重点推广对象。他们着力发掘其电商卖点,撰写电商文案,联系物流运输,对广大村民进行电子商务、农村淘宝、微信、"互联网+农副产品"的宣传、辅导……专业的服务让村民们纷纷竖起大拇指。

合作社负责人李勇对志愿者们赞不绝口:"之前销路是制约我们发展的一大问题。现在解决了销路问题,十分有利于我们的农事生产,接下来我们打算进一步加大种植规模。"

(三)关爱老人儿童,获得政府点赞

随着经济的快速发展,城市化步伐加快,我国农村空巢老人和留守儿童已成为亟待解决的社会问题。由 16 名优秀青年团员组成的志愿者团队来到娄底市娄星区万宝镇珠山村"走访贫困家庭、慰问空巢老人",将"送"与"扶"结合起来。

"感谢党和政府,要是没有党和政府也没有我现在的生活。"一位 95 岁高龄的老奶奶颤颤巍巍地拉着来访的志愿者们舍不得他们离开。周奶奶住在一间破旧的土坯房里,腿脚也不灵便,自己的四个儿女都早早过世,孙辈也常年在外,对老人照顾不周,周奶奶就靠着政府的补贴和街坊邻居的照顾一天天地过日子,当志愿者们带着礼品来到周奶奶家时,周奶奶拉着志愿者们的手,感动的泪水在眼眶中不停地打转。

走访中志愿者们了解到,万宝镇珠山村共有 80 余户村民,其中贫困空巢老人的家庭就占一半之多。志愿者们在走访慰问和深入交谈的过程中,引导当地村民们填写了问卷调查,总结出了空巢老人生活方面存在和急需解决的一些问题,并反映给当地政府寻求解决。当地政府扶贫工作队和党政领导立即召开了报告会,政府表示将制定切实可行的方案,一方面时刻关注和照顾空巢老人的生活,解决"空巢综合征",加强基础设施建设,改善基本条件;另一方面提高就业率,安排需要照顾家中老人和小孩的青壮年就近工作,不用背井离乡就能找到工作,挣钱养家可同时兼顾。

关爱留守儿童的健康发展也是社会密切关注的一大问题。孩子们渴望知识的眼神,对外面世界的向往与美好生活的憧憬,以及走出大山的决心,深深打动了机电职院的志愿者们。经济贸易学院(二级学院)支队驻扎溆浦县,对留守儿童进行语文、数学、英

语、绘画、手语、体育等 6 门课程辅导，共支教 400 多名儿童。

三、锻炼毅力、培养品格

荀子说："不闻不若闻之，闻之不若见之，见之不若知之，知之不若行之。学至于行而止矣。行之，明也。"社会实践活动现场是考验大学生修养品性的好环境。在实践的困难和危险面前，要求大学生具有一定的牺牲精神和坚强的品质。大学生在积极参与的过程中，就会逐渐养成坚韧、顽强的优良品性，养成务实的学习态度和生活作风，不断提高自己、完善自己。

例如"90 后"小伙郭步鉴重走长征路，徒步 229 天来到延安。郭步鉴是湖南益阳人，毕业于湖南中医药大学。说起重走长征路的初衷，郭步鉴说："爷爷是个军人，我小时候跟爷爷奶奶一起生活，受到一些影响。之前供职的学校在革命摇篮江西井冈山，所以想以井冈山为起点，重走长征路。第一是磨炼自己的意志，第二个就是学习红军不畏艰难的精神。"有了重走长征路的想法后，郭步鉴也征求了家人的意见，父亲开明的态度给了他很大动力。"他就回了我一条短信，只有 3 个词：支持、尊重、理解。"决心已定，郭步鉴就开始为徒步长征路做准备，每天穿着 20 公斤重的沙袋行走 20 多公里，锻炼自己的耐力、体力，同时还积累了很多野外生存经验。

郭步鉴从井冈山出发，开始了一个人的长征路。虽然起点不在瑞金，但其余的路线基本和红军纵队路线吻合，偶尔也会选择红军其他几个军团的路线。为了更真实地感受红军长征经历，郭步鉴选择不带一分钱出门，就餐向村民"化缘"，住宿就是睡帐篷。背着近 20 公斤重的行军包，郭步鉴以每天 30 到 50 公里不等的速度前行，沿途收获了无数人的关照与善意，也遭遇了很多磨难。"当时翻越湖南、广西交界的老山界时，我只带了 1 瓶水 3 个粽子，海拔接近 2000 米的山，上山 30 公里、下山 10 公里山路，我走了 2 天时间。"郭步鉴说，那个时候，用饥寒交迫都不足以形容，但他还是撑了下来。

"其实我们作为年轻人，应该多学红军长征永不放弃、不畏艰难、艰苦奋斗的精神。如果做什么事情，连生命都能放得下，应该没什么困难是克服不了的。"这是郭步鉴的座右铭，也是他重走长征路路途中不断告诉自己的话。

四、增强社会责任感

从先秦"修身齐家治国平天下"、汉代"大风起兮云飞扬,威加海内兮归故乡"、三国"鞠躬尽瘁、死而后已",到唐代"安得广厦千万间,大庇天下寒士俱欢颜"、两宋"精忠报国"、明清"天下兴亡、匹夫有责"、民国"我自横刀向天笑,去留肝胆两昆仑",再到当代"为实现中华民族伟大复兴"的中国梦而奋斗终身,历朝历代都有无数仁人志士表达对国家独立昌盛、人民安居乐业的期盼并为此奋斗终身。大学生在课堂上学习了爱国主义的传统,如果能通过社会实践亲身目睹先烈们的足迹和遗物,就更容易感受到爱国主义的伟大,增强"天下兴亡、匹夫有责"的责任感。这样的社会实践不仅是思想政治理论课课堂讲授的补充,而且会产生"倍增"的效果。

>> 拓展阅读

毛泽东的"游学"

1917年7月,学校放暑假了,同学们纷纷离校回家。毛泽东也回韶山看望双亲,但他很快就返回长沙,邀请在楚怡小学教书的老同学萧子升,利用暑假这段时间,一同到农村做调查。

一个晴朗的早晨,毛泽东来到楚怡学校。他穿着一件白色旧上衣,带着一把旧雨伞和一个布包,布包里有一套换洗衣服、毛巾、笔记本、毛笔和墨盒。他和萧子升从楚怡出发,过湘江后,换上草鞋,踏上了去宁乡的石板路。

这次"长途旅行",他们有意识地不带一文钱,而采用"游学"的办法。"游学",本来是旧社会某些知识分子,用以寻师求学的一种方法,但是也有一些潦倒落魄的文人,没有出路,又不愿从事生产劳动,于是就以"游学"为名,到处流浪,靠给人家写字作对联糊口,实际上是一种变相的行乞行为。毛泽东给这种旧形式,注入了新的内容,运用它来进行农村调查,既新鲜,又很有意义。一路上遇到学校、商店、庙宇等,他们就写一副对联送去,人家给几个钱,就用来作为路上的费用。萧子升爱面子,只写不送。毛泽东则利用送对联的机会,广泛地接触社会各阶层人士,调查当地的历史、地理、民情、风俗等情况,从中了解社会世态,熟悉风土习尚,获得新的知识。

7月的农村，骄阳似火，气候炎热。毛泽东走在农村的小路上，满目田野风光，心里只觉得既舒畅，又亲切。他每到一个地方，就和贫苦农民拉家常，或者一起劳动。开始时，农民们觉得很奇怪：看他的装束，不像当地的农民；听他谈吐，又丝毫不像旧日的"游学"先生。毛泽东那土生土长的农民语言，那温和平易的态度，那关心体贴农民疾苦的思想感情，很快就取得了贫苦农民的信赖。农民们对这两个远道而来的青年人非常喜爱，留他们吃饭，让他们住宿，打开长年压抑着的心扉，向他们倾吐苦水，诉说不平。

一天，毛泽东和萧子升来到宁乡杓子冲访问友人何叔衡，受到了热情的接待。经何叔衡介绍，毛泽东到了一个农民的家里。夜，已经很深了，他还和那位农民围坐在一盏清淡的桐油灯下，促膝谈心。主人以忧郁的心情告诉毛泽东，他作贩田（佃田），交的"三七租"，不分白天黑夜卖力气，种出的谷子，七成交给了东家，自己终年劳累，却不得温饱。毛泽东听了这些诉说，英俊坚毅的脸上，充满着对农民的深厚同情和对地主的极大愤慨。

毛泽东来到宋家潭，在一所茅屋里，同一位老农和一位青年农民谈话。这两个农民上无片瓦，下无寸地，是当地受苦很深的两户佃农。毛泽东从他们眼前的生活，问到他们所受的痛苦：你们种谁的田？种了多少田？每年收多少谷？交了多少租？家里有多少人？生活怎么过法？东家的态度怎样？毛泽东的话，句句问到了农民的心坎上。两个农民先后诉说了自己苦难的家史和东家的狠毒，详细地回答了毛泽东提出的问题。毛泽东从这样的调查中，得到了对阶级剥削和阶级压迫的感性认识。

在何家住了两晚，毛泽东和萧子升又继续上路了。临行时，何家好意地送钱给他们做路费，他们坚持不要。此后，毛泽东决意不再去拜访同学和朋友，因为不愿意再受到像何家那样优厚的待遇。在他看来，艰苦的环境，可以磨炼战胜困难的意志。

在调查途中，他们克服了生活中的种种困难。有时候口渴了，就在路旁喝几捧凉水；走累了，就到塘里洗洗澡；有时走到前不挨村，后不着店的地方，就在野外露宿。一次，他们沿着一条大河走去，河床很宽，但河水小。晚上，月亮出来了，照着他们的身影，乍看起来，好像有四个人在沙堤上行走。他们决定在沙滩上睡觉。大自然给他们增添了无穷的乐趣，他们风趣地说："沙滩是床，蓝天是帐，月亮当灯，星星做伴。"毛泽东还指着岸边一棵老树说："这就是我们的衣柜。"说着，顺手把布包、雨伞挂在树枝上。睡觉没有枕头，他们又找了两块石头，石头太高，就把一半埋在沙地里。就这样，他们欣赏着山乡夏夜的自然风光，舒舒服服地入睡了。

向社会实践学习的强烈欲望，和自觉寻找困难、战胜困难的决心，驱使他们不断向前。接着，毛泽东又调查了益阳、沅江两县的情况。在沅江时，正值湖区涨水，道路被淹，与外面的交通也断了。眼看暑假即将过去，他们便乘船返回长沙。

历时一个多月的农村调查，足迹遍及长沙、宁乡、安化、益阳、沅江五县的许多地方，行程达九百余里。在调查过程中，他们每天都接触一些新问题，获得一些新知识。回长沙的路上，当他们回顾、总结自己的收获时，毛泽东深有体会地说："这次调查，使我们获得了比较丰富的社会知识，对农村情况有了进一步的了解，而且锻炼了克服困难的能力，知道了困难不是不可以战胜的。我们的目的完全达到了。"

这年冬天，毛泽东又到浏阳县文家市铁炉冲一带去做调查。他住在友人陈绍休家里，广泛了解了这一带农村的情况，向农民宣传了反对封建、反对迷信的革命道理。他没有一点架子，和农民们一起挑水、种菜。针对这里有的农民没有栽果树的习惯，毛泽东指着山上的果树说："前辈人不栽树，你们哪有果子吃？"他还亲手栽了几棵板栗树，并且意味深长地说："前人种树，后人吃果。"附近的农民知道铁炉冲来了个很好的"毛先生"，都高兴地来找他谈心。每天晚上，陈绍休家里挤满了贫苦的农民。在这普通的农舍里，毛泽东听到了贫苦农民的呼声。

通过调查，毛泽东进一步熟悉了社会，了解了农民。他感到"今之天下纷纷，就一面而言，本为变革应有事情"，应该用真理去教育群众，"变换全国之思想"，以便改造社会。因此，他在继续关心农民问题的同时，又不断接触工人群众，了解他们的疾苦和要求，启发他们的觉悟。

（来源：李捷，《实录毛泽东》，北京联合出版有限公司，2018年）

第三章 大学生社会实践的基本形式

大学生社会实践需要"面向全体、人人参与，分层指导、形式多样，注重实效、打造精品，良性循环、长效运行"，可以通过课内实践、课内外衔接、课外拓展等三个层面指导实施。

一、课内实践

不同课程的教师根据课程内容和不同年级学生特点布置和组织学生实践，主要形式包括课前演讲、课堂辩论、时事热点播报、红色故事进课堂等。

（一）课前演讲

课前演讲就是利用每节课课前 5 分钟，由学生上台，结合所学过的学科知识，分析、评论时政、社会热点等问题，然后由教师进行点评的教学形式。它是提高学生学习思想政治课兴趣、提升学生解题能力的有效途径，也是教师培养学生的社会责任感和分析问题解决问题能力的有效途径。

1. 目的与要求

课前演讲的目的是调动学生学习积极性，促进学生担当时代责任。演讲稿在 1 000 字左右，联系实际，有具体内容，不要空谈。演讲时间限定在 5 分钟左右，要求演讲时声音洪亮，表达清晰，讲评结合。有准备上台能讲就"合格"；声音洪亮，表达清晰，讲评结合为"良"；理论联系实际好，表达好，有自己独到见解的可获"优"。

这类主题很多，如两会谈民生、两岸关系、金融危机、贸易摩擦、社会主义核心价值观、周边关系、中国特色社会主义制度优势、身边的雷锋、南海聚焦、欧盟关系等，还有食品安全、就业创业、诚信考试、市场经济等。学生能够提出问题、分析问题，进而提出解决问题的方法。在课前演讲的过程中，学生获取解读信息的能力，调动和运用知识的能力，描述和阐述事物、论证和探究问题的能力都能得到锻炼和加强。

2. 积极作用

（1）有效提高学习兴趣。兴趣是最好的老师。现代心理学研究表明，个体活动的目标除满足生理需求外，更多的是满足心理需求。学生有好胜、爱表现的心理特点，成功的体验会让学生心理需求得到不断的满足，产生积极、正面的心理表现，从而激发出对事物的兴趣。课前演讲要求全班同学都要参加，轮流进行，加上评价标准比较低，上台讲就合格，理论联系实际好得"优"，表达好得"优"，讲得有特色也可以得"优"，学生容易获得成就感。绝大多数学生，特别是一些学习成绩不太好的学生，非常重视、珍惜演讲机会，积极参与，主动参与，认真收集资料、制作PPT、链接视频。每次课前5分钟，课堂气氛活跃，学生之间交流热烈，学生喜欢上了课前演讲。

（2）提高学习效率。课前演讲可以帮助学生养成关心国家大事，关心社会问题的习惯。课前演讲要求学生用所学课本知识看问题，引导学生用马克思主义的观点、方法分析问题；通过时政评论，学生获取信息、解读信息的能力和运用知识的能力可以提升；学生之间相互评价，相互补充，相互教育，可以进一步发挥学生的主体作用，学生真正成为课堂的主人，实现了学生动起来、课堂活起来、效果好起来的教学要求。

（3）提高综合素质。教育要走出"象牙塔"，校园是学生锻炼本领的地方，社会才是他们生活的舞台。时事热点、社会问题不仅职场人士关心，许多学生也感兴趣。新的热点出现，会带来巨大的社会影响，课前演讲，学生之间会讨论，甚至会争执，由此学生的思辨能力得到发展，社会适应能力也得到提升。课前演讲，还可以提高学生胆量、表达力，更关键的是能增强学生的自信心，有助于他们振奋精神，昂扬斗志，激发追求成功的欲望。同时，教师可以根据学生演讲的内容，了解学生的思想动态，有针对性地引导学生思想，教会学生用马克思主义的观点看问题，把政治课教育目标落实到实处。如中国从叙利亚成功撤侨，体现了党和国家对人民负责的态度，了解此事件后，进一步让学生思考，"这次撤侨成功说明了什么？给我们什么启示？""作为青年学生，如何维护国家利益？"打开学生的思路，更好地落实情感、态度、价值观。

（4）提高个性发展空间。多元智能理论告诉我们，每一个人都拥有多种智能，但每一种智能发展不平衡，教育的本质就是要挖掘、发现学生特有的擅长的智能，激发这些智能，使其得到充分发展，提高其发展能力。学生在课前演讲这个平台上，所讲主题没有条条框框约束，学生可以选择自己感兴趣、自己最擅长的东西，向全班同学展示，没有知识上的差距，每一个学生都能抓住机会展示自己的才华，获得老师、其他同学的认可，体会到成功的快乐。课堂因个性而精彩，学生因自主而发展。教师也可以在学生演讲中发现学生的长处，且恰当的点评更能激励学生的个性发展，拉近师生之间的感情，增进学生的信任。

3. 课前演讲要注意的问题

（1）演讲内容的思想性。学生有初步的辨别是非的能力，最需要有人引导他们的成长。纯粹的娱乐演讲，浪费了教学时间，偏离了课前演讲的本意，达不到演讲的目的，还会对其他同学造成不良影响。教师在学生演讲前应先对学生选择的材料做了解，帮助学生选择有意义的内容。

（2）演讲内容的导向性。在信息化、网络化的时代，各种思想不断涌现，多元价值观不断冲击学生的心理，学生容易受社会上各种流言蜚语、错误观点的影响，造成思想上的混乱、看法上的片面，甚至导致言行上的错误。如果学生内容选择不当，在分析问题、发表评论时导致观点片面，甚至与主旋律相反，那么教师要着眼于当代社会发展和学生成长的需要，增强思想政治教育的时代感、针对性、实效性和主动性，必须把握正确的方向，正确地引导。当然，这一过程要注意方式方法，不能简单粗暴，更不要伤害学生的自尊心、自信心。

（3）内容的时效性。课前演讲内容新鲜，它能反映当前社会现象。过去很久的事情，放到课堂讨论，离开了当时社会背景，没有什么意思，其价值也可能大打折扣，也难以调动学生的学习兴趣。

（4）内容的针对性。时事现象瞬息万变，社会热点不断出现，要在纷繁复杂的事件中，发现有用的东西，就必须懂得精选材料，服务于自己的学习，其关键在于挑选的时政材料能够与课本的知识联系在一起，达到课程与时事政策教育相互补充，相互验证，从而完成思想政治课的教育任务。

（5）评价的激励性。学生演讲不仅要讲时政热点、讲社会问题，更重要的是要讲自己的想法，展示自己的个性，这是教师把握学生思想动态，引导学生树立正确思想观念的最有效时机。及时的、多元的、正面的、鼓励性评价，能激发学生学习兴趣，提高教育的实效性，更可以促进学生一生的发展。

（6）演讲要求的上升性。演讲要求随学生学习程度的变化而不断更新。学生初步具备运用课本知识分析问题、解决问题的能力后，要求学生根据所讲内容，自己编写问题与答案，并给同学解答和分析，以此进一步提高学生的解题能力。

>> 拓展阅读

高思恩：奔跑吧，青春！

1994年7月一天的早晨，太原的天空阴沉沉的，火车站附近的一个小院中传出了婴儿的啼哭声，人们闻声而来，发现纸箱中婴儿的左臂患有残疾。在一阵阵怜惜声中，一位六旬老人伸出温暖的双手将女婴抱回了家中。仅仅几分钟后天空就下起了瓢泼大雨，如果不是那位老人，也许女婴会在大雨中失去生命。

我就是当年那个躺在纸箱子里的女婴，是好心的奶奶给了我第二次生命。奶奶孤身一人，没有工作，没有收入，生活已经不容易，为了养活我，她起早贪黑捡纸箱、拾废品，含辛茹苦地将我养大。

初中就读的学校离家很远，为了节省车费，我就经常跑着去跑着回。不知不觉中我成为学校田径场上的短跑冠军，到中考时成了班上唯一一个体育考满分的人。我喜欢风雨中前进的自己，把树木、房屋甩在身后，向着阳光奔跑。

也是从这一年开始，我和奶奶的生活境况逐渐好转。在派出所、残联、民政部门等多方帮助下，我终于有了户口，政府还让我享受到了低保。那时，我和奶奶做梦都会笑出声来。

进入高中后，我被推荐代表省市参加各类体育比赛。每一次奔跑我都拼尽全力，90公斤的杠铃把脖子压出了肿块儿，反反复复的冲刺使脚底磨出了水泡。高二时，我拿到了国家二级运动员证书，是那一年山西省达级赛测试中唯一一个残疾人运动员，随后又多次在全国残运会上获得奖牌。

2013年我终于考上了山西大学。幸运的是我又得到了政府各相关部门、学校和慈善总会的帮助，使我顺利进入了大学校园。4年时间里，我过得十分充实——做公益活动的领跑员，拿下三次单项奖学金，成为学生会秘书长，照顾八旬的奶奶，完成不间断的训练和比赛。苦过累过，但只要想到奶奶，想到那些曾经帮助过我的人们，我就会再一次动力满满！

奶奶为我取名"思恩"，就是要我常思恩情，知恩图报。是奶奶让我活下来，是祖国让我长起来，我将在这青春年华里，用永不停息的奋斗回报这个伟大的时代！

（来源：央广网，2019年5月23日，《高思恩：奔跑吧，青春！》，http://news.cnr.cn/2019zt/sdxrs/fdzdxsd2/20190523/t20190523_524623822.shtml?ivk_sa=1023197a）

（二）课堂辩论

现在的学生思维活跃，教师可以结合学生的这个特点，把课堂变成辩论赛场。可以打破传统课本章节，设置专门的议题讨论。例如讲到家庭美德婚恋观时，可以设置"恋爱应该以结婚为目的吗"的讨论内容,让学生充分讨论争辩,教师加以适当引导,学生就能够意识到问题的对与错。辩论的过程也就是学习的过程,更是思政教育内容融入学生内心的过程。

辩论的作用在于划清人们有关是非的界限,探查世道治乱的标准,判断事物同异的根据,权衡利弊得失,解决人们思想上存在的疑惑。一场辩论可以让人辨明是非,坚持真理,锻炼思维能力,增长聪明才智,增进人与人的了解,促进相互沟通。基于辩论活动的作用和特点,为了活跃思政课堂气氛,丰富学生的社会生活,增强学生的明辨是非能力、逻辑思维能力和语言表达能力,提高学生的辩论水平,发掘培养学生的是非观念、道德情操、综合素质,开展有益的辩论活动是有效方法。

教育坚持以立德树人为根本任务,加强思想政治理论课建设,引导学生做社会主义核心价值观的坚定信仰者、积极传播者、模范践行者,从而将学生培养成为中国特色社会主义的合格建设者和可靠接班人。课程主要以课堂辩论的形式进行,学生可以就特定话题发表自己的看法,真正让学生成为课堂的主人,让学生真正明白思想政治教育通过辩论明辨是非。

(三)时事热点播报

时政新闻可实现对国家一系列方针政策的直观体现,其中主要包括国家执政党、社会集体以及各方利益主体在实际进行国家治理以及国际关系处理上的态度。

时事热点播报的出现,让现实生活中丰富的时政资料作为教学的内容搬入了课堂,使课堂一下子鲜活生动起来,大大增加了学生的兴趣。同时,使学生大开眼界,他们可以从课堂中了解世界,了解社会,了解国家,了解身边的事情,改变了"两耳不闻窗外事,一心只读圣贤书"的现象,大大满足了他们的求知欲望,培养了青年一代"家事国事天下事,事事关心"的社会责任感。

时事热点播报的运用可以帮助学生真正实现认识上的飞跃。时事热点播报,通过课前5分钟时事新闻引入给了学生广阔的自我发挥的空间,激发学生学习思想政治理论的兴趣,增强了学生学习这门学科的积极性和主动性,极大地丰富了思想政治理论课的素材,充实了思想政治理论课的教学内容,弥补了教材内容的不足,在一定程度上消除了教材的滞后性。

时事热点播报的教学实践要分步骤实施。第一步,布置任务并提出具体要求;第二步,在思想政治教育课堂中实施(播时事,并简评),观察主播的表现;第三步,归纳小结。时事热点播报内容可由学生自主选择，校园内外的，国内外的，只要是学生感兴趣的话题都可以成为时事热点播报的主题。"00后"的孩子，有时会挑选一些如恋爱不成反成仇的、娱乐新闻八卦类的社会新闻，当然更多的还是政治生活类的，因此，要及时引导，提出更高的要求。在思想政治理论课堂中实施时事热点播报，还得观察每一个学生的表现，在学生完全接受"时事播报"后提高"时事评论"的质量。由于学生的知历、阅历的局限，他们眼中的"时事评论"有时会很片面、粗糙，这样就需要教师创设一个自由、安全的环境。教师一定要尊重学生的人格和自主的意识，相信每个学生都会有巨大的智慧潜力和创新能力，给学生充分表现、相互交流、敢于争论的空间，鼓励个性和独特，宽容探索中的错误。教师要注意及时给予学生引导，关注学生的自我分析总结和互相评价，弘扬社会正能量，把学生引向积极、正面成长。通过锻炼，能够提高学生收集资料和归纳资料的能力，能够提高学生语言表达能力，更好地培养学生的社会责任感。学生更多地了解社会，了解他人，了解自己在社会中的地位，学生的社会使命感能增强。采用小组播报的形式，可以增进学生之间的合作意识，从新闻筛选、提炼和分析评价，到台上5分钟的播报，都凝结着小组每位同学的心血。在完成的过程中，实现自主的发展，学生的思维与个性得到了解放。

（四）红色故事进课堂

红色故事进入课堂、服务于教学，不仅可以激发学生的爱国热情，培养健全的审美心理结构，还可以促使学生了解历史、认识国情、开阔视野，激发爱国主义情感和志向；红色故事在弘扬革命先烈坚定革命信念的同时，也拓展了大学校园文化内涵，成为学生陶冶情操和丰富学校生活的重要载体。

如何让红色故事直抵人心，让广大学生了解红色家谱，进而更好地传承红色文化和精神，使红色文化更好地吸引人、感染人、教育人，讲好红色故事有重要作用。把红色故事的历史渊源、历史事件及其对过去、现在、未来的影响等表达出来，将故事背后那些充满人文精神和情怀的人物、事件挖掘出来，把红色故事变成激发爱国热情、凝聚力量、培育民族精神的重要内容。讲好红色故事，帮助学生不断积累红色知识，一件文物、一张图、一座雕塑、一条标语、一句遗言，甚至一座无字墓碑，都充满红色记忆、红色基因，带动学生了解红色历史。

"追溯过去，是为了更好地通往未来。""为什么要讲好中国故事？因为要知道我们从哪里来。一个国家不能忘记自己的根本，牢记过去才能知道我们要到哪里去。"真实的力量最能打动人心。这些红色故事在祖国的广袤大地上流传，激励和引导我们为实现"两个一百年"奋斗目标和中华民族伟大复兴的中国梦不懈奋斗。

>> 拓展阅读

向警予："中国无产阶级永远的爱人"

1895年，向警予在湘西溆水河畔的一栋老式四合院里出生。向家是当时的溆浦首富，开办鼎盛昌商号，经营绸布百货、钱庄，并且还做着跨国贸易。

向警予从青少年时代开始就深受爱国民主思想影响，立志追求新知识、追求真理。她原名向俊贤，19岁时改名向警予，"警予"就是时时刻刻敲响警钟提醒自己，不要忘记求学、救国。

五四运动爆发后，向警予加入了毛泽东、蔡和森创建的新民学会，之后又赴法国勤工俭学，如饥似渴地学习马克思主义著作，积极参加创建中国共产党的活动。1922年初，她正式加入中国共产党，之后当选为第一个女中央委员，担任了党中央第一任妇女部长。她先后在广州、上海等地投身工人运动和妇女解放事业，1927年，她来到大革命风暴的中心——湖北武汉。

中央派向警予到武汉市总工会工作。旧社会的工人，尤其是女工们，境遇十分悲惨，微薄的工资、超长的工作时间、工头随意的打骂，无尽的剥削压得他们喘不过气来。身为女性，又有办学经验，她很快就与广大女工亲密无间，积极帮助女工们解决生活困难，将革命道理和解放思想以深入浅出的方式教授给女工们。在工人们的爱戴和拥护下，她用很短的时间组织了六万女工加入赤色工会，被亲切地称为"大姐"。

党的五大后，向警予转战湖北省总工会工作，同时担任汉口市委宣传部主任。这时，蒋介石已经发动反革命政变，武汉形势变幻莫测，大革命正处于危急关头。她白天奔走于大街小巷、厂矿企业组织发动群众，夜晚编辑宣传材料，举办学习训练班，为处在风口浪尖的武汉工人运动指明正确的方向。

1927年7月，武汉国民政府反革命面目彻底暴露，敌人展开大搜捕、大屠杀，党的机关接连遭受破坏，一大批党员干部和工人骨干惨遭杀害，武汉笼罩在白色恐怖之中。向警予向党中央主动请缨，冒着生命危险留在武汉继续斗争。她领导武汉"八二"工人总同盟罢工，有力策应了南昌起义，她坚决执行党的八七会议决议，参与组织秋收暴动。

1928年3月20日，由于叛徒出卖，向警予在汉口法租界被捕。敌人三番五次对她进行审讯和折磨，她横眉冷对，严守党的机密，坚贞不屈。敌人一无所获。5月1日，在世界无产阶级共同的节日里，无计可施的敌人将她押赴刑场。面对沿途的群众，她一路高唱《国际歌》、高呼革命口号，激昂的声音回荡着："革命者是杀不完的，反动派的日子不会长了！"敌人心惊胆寒，残暴地用石头塞进她的口中，用皮带勒住她的双颊。但她始终高昂头颅，展示着共产党人的铮铮铁骨和浩然正气。这年，她年仅33岁。

向警予牺牲了，但爱她的人不会忘记。去往法国勤工俭学期间，她与革命家蔡和森因为对无产阶级共同的爱走到了一起，他们打破包办婚姻，自行举行婚礼，结婚照是两人并肩同读一本《资本论》。在向警予牺牲后，蔡和森写道："伟大的警予，英勇的警予，你没有死，你永远没有死！你不是和森个人的爱人，你是中国无产阶级永远的爱人！"

（来源：蒋国栋，《党史博采·纪实（上）》，2020年第2期）

二、课内外衔接实践

每门思政课教师根据课程内容，引导大学生开展自主实践，实现社会实践全覆盖。课内外衔接实践形式有三大类：

（一）调研类

学生结合课程学习要求，针对社会发展的实际问题在课余时间展开调研，撰写调查报告。

调查报告是一种常见的文书，是大学生经常撰写的一种报告。调查报告一般分为标题和正文，正文又分为调查目的、调查对象、调查内容、调查方法、调查结果分析，以及调查结论等。

>> 拓展阅读

3万字调研报告背后的故事

"通过社会实践和调查，向社会传递真实的信息，并用实际行动推动企业社会责任的落实。"近日，在2015年"青年态度·大型企业社会责任评价"发布会上，对外经济贸易大学研一学生常铮表示，青年知行合一，能够推动企业更好地履行社会责任。

知行合一的心得源于常铮寒假的一次社会实践。今年年初，学校在安排研究生寒假社会调研时，有一个调研题目是"中国新生代产业工人以及企业用工状况"。法学专业的常铮，向学校主动申请了这个题目。

平时，一看到"血汗工厂""侵犯劳动者权益"的案例或新闻时，这位"90后"小伙子就"义愤填膺"。大学4年的时光，除了爱踢球，业余时间都在读书的常铮，对劳动者权益保护的一系列法律、法规都门儿清。但"学识和责任感，需要实践才能发挥价值"，企业到底如何履行社会责任、青年工人关心什么？"回答这些问题，必须要到实地去。"常铮告诉记者。

申领题目后，常铮找到了4名志同道合的同学，组织起一个调查团队，并给这个团队起名叫"直指远方"。"从产业工人这个点出发，我们想找一个产业工人聚集的地方，富士康具备这样的特点。"常铮说。

富士康科技集团在郑州有3个厂区，分别是郑州航空港厂区、经开区厂区、中牟县厂区。然而，联系富士康的过程并不顺利。

在说明调研意图后，常铮遭到拒绝，"富士康对外界的报道格外敏感，对我们的调研很不乐意接受"。遭到拒绝后，常铮并没有放弃调研计划。他发现，富士康员工宿舍并不是由富士康自身解决，而是由政府以社区的方式管理。最终，常铮联系到了郑州航空港富士康工业园区员工宿舍管理的负责人，得到了负责人的全力支持，调研才得以进行。

在郑州航空港富士康园区员工宿舍调研的一周里，常铮和他的团队并不顺利，甚至差点发生冲突。有一次，富士康一位管理人员看到常铮他们在向员工发调查问卷，非常生气地斥责他们。在这样的情况下，常铮他们只能利用晚上的时间，给工人发问卷，了解他们的想法和感受。

通过问卷调查的方式，他们统计到了相关数据，包括员工对薪酬制度满意度、发展前景满意度及是否遇到不公正待遇、企业形象摸底等。

离开富士康后，常铮的团队完成了近3万字的调研报告。通过这次调研，常铮认为，航空港区富士康基于"最低成本标准"和"以产能为导向"的用工需求，会导致工人的"过客"心态，并影响到产能和人才培养，熟练工数量少而影响代工质量。

对此次调研，常铮最大的感受是外界对富士康的指责，是劳动密集型企业的工作性质所带来的，在富士康工作的工人加班基本整天做的都是一些重复性工作。

通过实地调研，常铮和他的团队成员希望外界对富士康有一个更客观的认识，在他们看来,给富士康贴负面标签并不有助于解决问题,同时很多人蜂拥而至去富士康打工,但待在那里的时间很短,只是把这看作一个临时的工作,这也是企业需要反思的。

北京大学光华管理学院副教授、责任与社会价值中心副主任杨东宁评价道,青年在推动企业履行社会责任中能发挥积极的作用。"在高校,很多商学院已经把企业社会责任开设为必修课之一,引导公众更严肃地看待和讨论这一议题。不少学生社团也会与企业打交道,通过对企业的了解,能帮助他们的工作更好地与企业社会责任的情况相结合,进而推动企业社会责任的落实。"

(来源:中国青年报,2015年7月28日05版,《3万字调研报告背后的故事》)

(二)观读类

观读类包括阅读马列主义经典原著、观看影视视频、参观当地爱国主义教育基地、校史展览、写读书心得和观后感等,也可以是 PPT 等形式。学生参观红色教育实践基地、参观博物馆等得到的思想政治实践教育,比书本学习更直观、更具有感染力。

1. 红色基地教育可以引导学生践行正确的价值观

学生在认识和了解了红色资源的深刻内涵后,将会受其感染,自觉把个人的人生追求和祖国的前途命运联系起来,积极投身中国特色社会主义实践。

红色教育资源的内容和主题集中在中华民族奋起反抗外敌入侵、争取民族独立,实现国家富强和中华民族伟大复兴的主线上,是围绕着中国革命、建设和改革开放,实现中华民族伟大复兴的历史主线而展开的。中共一大会址、井冈山革命纪念地、延安革命纪念地、中国人民抗日战争纪念馆、重庆歌乐山革命烈士陵园和人民英雄纪念碑等史迹,是以中国共产党领导的革命斗争史实为主要内容的,中华人民共和国成立后形成的南京长江大桥、林县红旗渠、雷峰纪念馆、铁人王进喜纪念馆、孔繁森纪念馆等以新中国创业史、发展史为主要内容的史迹,同样也展示了中国共产党领导各族人民建设新中国、建设中国特色社会主义的壮丽篇章。

中国共产党在长期的革命、建设和改革开放过程中,孕育了许多带有不同时代特征的革命精神。南湖精神、井冈山精神、百色精神、古田会议精神、长征精神、西路军精神、一二·九精神、延安精神、太行精神、杨靖宇精神、抗大精神、抗联精神、新四军精神、南泥湾精神、白求恩精神、红岩精神、临沂红嫂精神、刘胡兰精神、西柏坡精神、抗美援朝精神、孟泰精神、大庆精神、大寨精神、雷锋精神、焦裕禄精神、红旗渠精神、

"两弹一星"精神、孔繁森精神、98抗洪精神,等等。井冈山精神是中国共产党历史上最早形成的一种革命精神,是"中国革命精神之源",其主要内涵是:坚定信念,艰苦奋斗;实事求是,敢闯新路;依靠群众,勇于胜利。这些革命精神都不是孤立存在的,而是通过红色资源,跨越时空,实实在在地展示着这些精神形成的时代背景和内容。红色资源也因为是革命精神的承载客体而具有了深刻的精神内涵。

2. 主题阅读活动可以对学生进行素质教育

丰富多彩的思想政治主题教育活动能培养学生良好的道德品质,更能锻炼学生坚强的意志,养成良好的行为习惯。

例如,为深入推进社会主义核心价值观建设,引领广大青年学生励志勤学、刻苦磨炼,弘扬精益求精的工匠精神,根据上级文件要求,某学院在全体共青团员中开展团员思想主题教育活动,全面推进改革攻坚、从严治团的各项工作。开展的系列活动有:"我为核心价值观代言""学雷锋、树新风""学习两会精神、增强责任意识""弘扬传统文化、传承爱国情怀""牢记使命、书写人生华章""重走改革路 砥砺爱国情"等。通过这一系列丰富多彩的主题活动的组织和开展,既引导学生学习社会主义核心价值观的理论,又引导学生参与社会主义核心价值观的实践活动,通过理论学习和实践,培养了学生良好的道德品质,又锻炼了学生坚强的意志,养成良好的行为习惯,督促学生真正做到言行一致。学生的道德观念、道德行为和道德品质,只能在社会实际活动中才能表现出来,并且在实践活动中受到检验。在丰富多彩的活动中对学生进行思想道德教育,学生参与的积极性高,能在活动中认识自己,在快乐中明白道理,在自主中学会做人。

3. 校史教育可以培育学生优秀品格

校史中蕴藏着丰富而生动的教育资源,有学校艰苦奋斗的历程、有优秀学子榜样、有沉淀积累的校园文化。

九澧情怀,潇湘气概;机电精神,彰显豪迈……这四句歌词几乎概括了湖南机电职业技术学院近半个世纪的办学史。2004年之前的30年,学校一直在常德津市办学,完成了从技工教育到中专教育,再到高等职业教育的华丽变身。目前学生规模已达5 000余人,教职工300余人。老一辈机电人对澧水河畔这片土地有着他人无法理解的浓厚感情,他们在湘西北这座津市小城的方寸之地搭建起了一个职业教育的大舞台,演绎了一曲教育改革发展的大戏。学校成立于1975年,最初是湖南拖拉机厂的一所厂办技工学校。开创之初,没有校舍,只有租借来的大礼堂;总共100个学生,十几个工人师傅充任老师;师生自己动手制作教具和教学模型……今天大家所处的这个美丽校园,2004

年可不是这个样子，茅封草长、满目荆榛、颓垣败壁、鼠兔出没，一片荒凉。第二代机电人凭借艰苦奋斗、百折不挠的意志品质和变通、超越的智慧，从2004年6月18日开工到9月10日首批新生进校，84天工期，完成了别人需要几年才能完成的一期工程建设任务，为2000名新生准备好了寝室床位、上课教室、实训室，以及食堂、运动场等一应设施，实现了"当年筹建，当年招生"的豪迈壮举，将"艰苦奋斗、勇于开拓、爱岗敬业、无私奉献"的16字"机电精神"阐释得淋漓尽致。

学院现设有机械工程学院、电气工程学院、汽车工程学院、信息工程学院、经济贸易学院、人文科学学院、继续教育学院、思政教学部等9个教学系部，建成了深度融入智能装备制造产业链的智能制造技术、智能控制技术、智能汽车技术、智能制造服务4大专业群，开设机械制造与自动化、机电一体化技术、汽车检测与维修技术、电梯工程技术、工业机器人技术等30个全日制专科专业。其中机电一体化、工业机器人技术专业为全国职业院校装备制造类示范专业，智能控制技术专业群为省级示范特色专业群，焊接技术与自动化专业为省级示范特色专业，机械制造与自动化、机电一体化技术为省级特色专业，机电一体化技术、新能源汽车技术为全国机械行业高素质技能人才培养创新建设专业，数控技术、机械制造与自动化技术为省级精品专业。学院牵头制定了全国高职院校电梯工程技术专业的教学标准。

校史、校风、校训激励学生成长，各项竞赛成绩喜人。身为机电人，我们是机电故事的讲述者，更是机电故事的创作者，不忘初心，砥砺前进，努力当好机电精神的传承人。

每个机电人，在机电的校史里留下足迹；每个机电人，都会对自己的校史感兴趣。因此，通过校史的主题教育，激励了一代又一代机电人的成长，这足可以见证实践教育的力量。

（三）竞赛类

竞赛与高校德育工作具有明显的正相关关系，是很好的大学生社会实践形式，如知识竞赛、演讲比赛、辩论比赛、征文大赛、"挑战杯"等。南京理工大学将学生参加思想政治教育的各种竞赛活动及竞赛所获成绩记为学生素质发展学分并体现在第二成绩单上。

加强高校竞赛平台建设、完善竞赛模式、创新竞赛载体、优化竞赛奖惩机制可以广泛激发大学生的荣誉感、使命感和社会责任感，从而提高高校德育工作效度、深度和广度。首先，高校竞赛是培养高素质人才的重要途径。竞赛能检验学生综合能力水平，帮助全面提升参赛学生的素质,包括智商和情商。其次,高校竞赛是推动创新人才培养工作的重要载体。再次,高校竞赛具有综合育人的功能和价值。竞赛融合了学科专业和竞技比拼的特点,在提高学生学习专业知识积极性的同时,还能增强学生创新争优、积极进取等优良品格,从而涵盖了较强的德育功能。

>> 拓展阅读

大学生思想政治理论研究性学习竞赛:
战"疫"面前凝聚起中国精神磅礴伟力

"中华民族历史上经历过很多磨难,但从来没有被压垮过,而是愈挫愈勇,不断在磨难中成长、从磨难中奋起。"习近平总书记在抗击新冠肺炎疫情的关键时刻,赴湖北省武汉市考察疫情防控工作时这样说。回望中国历史,印刻着战胜各种灾难的记忆,而每一次攻坚克难,都给我们留下了宝贵的精神财富,2020 年战胜新冠疫情,又一次凝练和升华了中国精神。

一、选择该主题的原因

1. 中国精神铸就"战役"奇迹

中国精神是什么?中国精神就是以爱国主义为核心的民族精神和以改革创新为核心的时代精神。中国精神贯穿于中华民族五千年历史、积蕴于近现代中华民族复兴历程,特别是在中国的快速崛起中迸发出来的具有很强的民族集聚、动员与感召效应的精神及其气象。疫情发生后,一份份要求奔赴一线的请战书、一个个饱含责任担当的鲜红手印、一句句坚定有力的"跟我上""我先上",凝聚起了抗击疫情的强大力量。防疫战场上,各级党组织和广大党员干部冲锋在前、顽强拼搏,诠释了共产党人不忘初心、牢记使命的政治本色;广大医务工作者的义无反顾、日夜奋战,展现了救死扶伤、医者仁心的崇高精神;广大公安民警、社区工作人员坚守岗位、日夜值守,为疫情防控筑牢一线堡垒、织密前沿防线;广大新闻工作者不畏艰险、深入一线,为人们带来信心和力量;广大志愿者真诚奉献、不辞辛苦,为夯实民生保障作出了重大贡献。这一个个逆行而上、英勇战斗的背影形成了抗疫前线最美的风景,奇迹就是这样产生的。

2. 中国"战役"树起世界旗帜

"在抗击新冠肺炎疫情过程中,中国向世界展现了其社会经济制度的效率,为其他国家抗击疫情提供了有益的启示。中国为全世界作出了表率。"7月6日，俄罗斯共产党中央委员会副主席德米特里·诺维科夫接受《参考消息》记者采访时说。新冠肺炎大流行揭示出"真相时刻"，各国能力与对待民众的态度展露无遗。面对这场"考试"，资本主义国家"考砸了"。截至北京时间7月6日7时29分，全球新冠肺炎累计确诊病例突破1154万例，累计死亡病例超过53.6万例，其中美国累计死亡病例超过13.2万例。特朗普政府减少了社会开支，公民更加负担不起卫生保障费用；在美国受疫情打击最严重的正是穷人；种族歧视让情形"雪上加霜"；非洲裔、拉美裔、印度裔美国人的死亡率要比美国平均水平高。面对新冠疫情，中国领导人说，"一切以人民为中心"，而这就是成百上千万人——医生、护士、军人、工人等加入抗击疫情这场斗争的根本原因。中国展现的社会主义制度优越性，得到国际社会高度赞誉。

3. 中国精神画出聚力战"疫"同心圆

新冠肺炎疫情的暴发，再次表明人类正生活在同一地球村，生活在历史与现实交汇同一时空中，人类是一个命运共同体，大家休戚与共，无人能置身事外。重大传染性疾病一直是人类的敌人，人类文明史既是一场与疾病的抗争史，也是一部全球交融交往团结合作的进步史。当前，新冠肺炎疫情这一全球性问题呼唤构建人类命运共同体。全球战"疫"实践表明：唯有团结合作，才能驱散病魔；只要命运与共，就能共克时艰。世界各国只有团结起来，凝聚起不同民族、不同地域、不同文化、不同信仰人民的共识，共同推动构建人类命运共同体，人们对安全健康和谐文明等美好生活的向往才能变成现实。新冠肺炎疫情暴发以来，中国以切实行动为人类命运共同体构建作出突出贡献，与全球多个国家、国际和地区组织分享防控治疗经验、技术、方案，向有需要的国家提供力所能及的支持和帮助，提供包括医用口罩、防护服等在内的医疗物资援助等，以实际行动向世界展示了团结合作精神，生动诠释了人类命运共同体理念。

二、目前研究情况综述

1. 国内研究情况

通过查找国内学术界的研究资料情况，我们发现，国内对这主题有着很多的研究成果，他们从不同的角度和方面分析了中央应对防控疫情的工作领导和有关部门的工作研究，中国精神是如何在战役中发挥作用，从而树立国际社会典范的。具体如下：

（1）关于战"疫"中党中央和有关部门控疫的研究。习近平总书记在统筹推进新冠肺炎疫情防控和经济社会发展工作部署会议上作重要讲话，2月25日我们召开会议，专题学习贯彻习近平总书记的重要讲话精神，研究部署落实措施，监督各方面责任的落实，监督政策措施的落实，监督纪律作风要求的落实，统筹抓好疫情防控监督和中央纪委四次全会部署落实，为统筹推进疫情防控和经济社会发展作出积极贡献，实现党的精神。

（2）关于在战疫中如何体现中国效率、中国质量，从而树立国际社会典范的研究。疫情期间，中国人民团结一致、乐观坚韧，奏响中国精神的最强音。护目镜遮不住的坚毅专注眼神、口罩勒出深深压痕的脸庞、与时间赛跑的火神山雷神山医院建设，为居民代买药品、浑身挂满药袋的社区工作者，昼夜转运物资、接送医护人员上下班的志愿者，个个感人瞬间充满震撼之力。疫情面前，中国人民团结一致，抱有必胜信念，众志成城、守望相助，挺起民族脊梁，让中国傲然屹立于世界。联合国秘书长古特雷斯称赞中国人民"为全人类作出贡献"。

（3）关于在战疫中体现出的实事求是、敢于担当的大国情怀与中国精神的研究。中国精神是凝心聚力的兴国之魂、强国之魂，过去是、今天是、将来仍然是中华民族排除万难、奋勇向前的不竭精神动力。面对疫情，"逆行者"的坚定无畏、志愿者的大爱无私、医护者的奋勇向前，共产党员的冲锋陷阵、普通民众的大力支持，这就是中国精神的集中缩影。兰州大学马克思主义学院党委书记蔡文成说："新冠疫情，凝聚起万众一心、同舟共济的爱国精神，凝聚起攻坚克难、不怕牺牲的斗争精神，凝聚起为了人民、依靠人民的奉献精神，凝聚起科学防治、精准施策的科学精神，凝聚起一方有难、八方支援的团结精神。"

2. 国外研究情况

2月25日，世界卫生组织（WHO）在日内瓦召开发布会，刚刚结束中国考察行程的世卫组织总干事、高级顾问艾尔沃德感叹："如果我感染了，我希望在中国治疗。""中国知道如何让新冠肺炎患者康复，他们下定了决心，这并非全世界都能做到；世界其他地方应学习中国的应对机制。"

"山川异域，风月同天"。日本对中国人民抗疫的支持，成为疫情中在中国民间广为流传的诗句。日本发生疫情后，日本专家认为，为抗击新冠肺炎疫情，中国积累的经验将对日本有帮助。

美国沃克斯新闻网近日刊登了《"一切都和速度有关"：中国应对新冠疫情的最重要经验》，文章称，目前世界上有一个国家在应对新冠病毒方面拥有最丰富的知识和经验：中国。

三、研究性学习成果

1. 我们组织调查研究，获取了相应的调查数据

（1）中央应对疫情工作领导小组和有关部门关于疫情防控工作的调查。对防控工作的指示，49%的同学表示很了解；对具体防控措施，54%的同学表示基本了解；对自己如何正确防护，87%的同学基本了解。

（2）疫情期间对网络宣传舆论的了解情况。关于疫情信息的了解，90%的同学表示了解；关于舆论的力量，86%的同学表示网络舆论影响大；关于疫情信息的及时性，82%的同学表示信息发布及时。

（3）战役期间，中国精神造就中国奇迹以及在国际社会的影响调查。对中国抗疫行动感动情况，96%的同学表示非常感动；中国抗疫彰显中国制度优势，97%的同学表示非常认同；中国抗疫对国际社会的影响，80%的同学认为本次抗疫对国际社会影响大。

2. 感恩身边同学参与抗疫，我们深受教育

这场突如其来的疫情打乱了所有人的生活节奏，城市、农村都受到了很大影响，为了打赢这场疫情防卫战，国家出台了各种应对措施，城市控制人员流动、农村进行封村封路。村口二十四小时都有志愿者值守，社区、村庄的喇叭时刻喊话，不要聚集、不要走动。在此特殊时期，我们很多同学参与了社区或村庄的义务服务，在村庄道路口进行登记、测量体温、站岗执勤，在社区送东西、走访，在小区门口查验健康码和体温，到社区、村庄发放防疫宣传册，天天在重点公共区域进行消毒，等等。我们一位小伙伴说："直到看到一线人员、基层干部夜以继日、含辛茹苦地奉献自己的一切时，我才真正体会到'哪有什么岁月静好，不过是有人替你负重前行'这句话的意义。"

3. 我们懂得，中国精神磅礴伟力，是促推中国壮大的又一契机

通过这次"战役"，我们的民族自豪感更加强烈。本次疫情，中华儿女众志成城、团结一心、守望相助、攻坚克难，向世人展现了强大的民族凝聚力，在党和政府的坚强领导下，终将取得抗击疫情斗争的伟大胜利，中华民族将更加成熟自信，民族自豪感将更加强烈，国民的价值观更加向上。在这次疫情中，医生、护士、一线科研人员、科学家、军人挺身而出，他们伟岸的身躯，让我们的内心感到深深震撼，重大疫情过后，国民不断反思，价值观得到重新洗礼，进而回本溯源。经过本次疫情，国家推进治理体系和治理能力现代化的能力增强，未来，舆论和网络监督将成为常态，民众将更加团结，官员将更加自律，政府效率会更高效，国家会变得更宽容，中国会越来越强大。

四、下一步研究设想

1. 加强理论研究深度和广度

由于平时对中国精神等理论关注不够，加之研究时间有限，众多的网络资源较多，学会取舍的能力不强，对与该主题有关的文献资料把握不到位，导致我们对该主题的理论研究深度和广度不够。我们要加强理论学习，提升理论的理解能力和运用水平，把握时代脉搏，提高理论素质，争取加强理论研究的深度和广度。

2. 将中国精神与战疫过程中的人物和事迹相结合

写本成果过程中，觉得题目太笼统、范围大、空泛，但是自己没有找到具体的契合点，没有将中国精神与战疫过程中的人物和事迹相结合。中国精神涉及的人物范围广，中国精神的具体内涵太过深刻，目前我们只能较浅地理解和诠释。在今后的学习和研究中，我们要克服困难，多请教专家、指导老师，加深中国精神的认识，将中国精神与战役人物有机衔接，写出中国精神在战役中的具体体现。

3. 在题目和写作上有所创新

现在的题目没有创新点，是因为自己暂时学习还不够。目前互联网、期刊等平台上有来自专家、学者对《战"疫"面前凝聚起中国精神磅礴伟力》的深刻论述，由于没有很好消化和吸收，无法避开他们的角度、寻找新的角度和视野进行思考和写作。创新是下一步我们努力的重点。

五、研究性学习过程中的体会

1. 合作精神让我们迸发战胜困难的力量

研究性学习，我们是第一次尝试，高考写800字的困难户要完成这项任务，开始是胆怯的。后来，我们规划了分工和合作方案，整个团队共同努力。分头查找相关资料，小组成员共享，不时一起讨论写作进度和写作内容，碰到卡壳的时候一起头脑风暴解决，相互鼓励，团队意识在每个人心中，共同朝着一个目标努力。

2. 研究性学习增长了我们的才干

研究性学习，促使我们对中国精神进行探讨，促使我们去挖掘抗疫素材。在这个过程中，我们学会阅读文献、整理文献，培养了我们发现问题、解决问题的能力，也让我们学会了关注社会、深入实践认识社会。我们通过自主探究、亲身实践，学会在实践中发现新的知识，提高了思想认识，提高了自主学习能力，提高了我们服务社会的能力。

3. 研究性学习培养了我们的使命感和责任感

首先的使命感是，我们要好好写出研究报告，我们要根据选题设计方案，分工合作，克服自己的惰性，认真写出优秀的研究性学习报告。更高的使命感是，通过中国精神的研究和中国抗疫政策、抗疫故事的学习和研究，我们深感国家的伟大、人民的伟大，我们有让这个国家更加美好、更加强大的使命和责任。我们不能辜负时代使命，不能辜负党的期望、人民期待，要努力做一个有理想、有本领、有担当的时代新人。

（来源：湖南机电职业技术学院大学生研究性学习实践成果，2020年）

（四）社会服务活动类

社会服务活动是对学生进行思想政治教育的有效途径，社会服务活动凸显了学生的主体地位，整合了社会上优质的教育资源，丰富了学生的感性认识。学生参加社会服务活动，能够促进他们对社会的了解，提高他们对经济和社会发展现状的认识，实现书本知识和实践知识的更好结合，帮助其树立正确的世界观、人生观和价值观。

1. 认识社会服务活动对思想政治教育的作用

（1）社会服务是思想政治教育的有效途径。以思想政治教育为目的的社会服务活动能够使教育对象广泛参与，并能够改变教育对象的被动地位，变被动为主动，从而更好地发挥其积极性和主动性。同时，社会服务活动能够把思想政治教育的理论知识与社会生活实际相联系，并通过社会实践丰富的内容和多样的形式增加思想政治教育的生动性和趣味性。

（2）思想政治教育是社会服务活动发展的保证和重要内容。思想政治教育对社会服务活动的作用，表现为思想政治教育对社会服务活动起指导作用，并保证社会服务活动沿着既定的方向发展。思想政治教育作为一种政治性很强的教育活动，总是依据一定的思想观念、政治观点和道德规范等内容来进行。思想观念、政治观点和道德规范作为人的意识，指导着人们从事一定的社会实践活动，并借此达到预期的目的。思想政治教育可以促进学生社会服务活动不断丰富、不断提高。

（3）思想政治教育和社会服务活动是相互补充的。社会服务活动对思想政治教育的补充，表现为社会服务活动可以充分发挥教育对象的主动性和积极性，使之更好地把理论和实际相联系，从而达到思想政治教育的目的。思想政治教育对社会服务活动的补充，表现在思想政治教育可以使教育对象掌握一定的思想观念、政治观点和道德规范等思想意识，用这些思想意识指导社会服务活动，使社会服务活动沿着一定的方向发展并达到预期的目的和效果。

(4) 积极搭建社会服务活动基地，是确保社会服务活动有效、持续、有力进行的保障。建设稳定的服务基地，可以起到资源优化的作用。将服务社会与实践教育相结合，实现资源最优化配置，达到政府、社会、高校共赢的目的。

2. 社会服务活动的主要类型

广义的社会服务包括生活福利性服务、生产性服务和社会性服务。生产性服务指直接为物质生产提供的服务，如原材料运输、能源供应、信息传递、科技咨询、劳动力培训等。社会性服务指为整个社会正常运行与协调发展提供的服务，如公用事业、文教卫生事业、社会保障和社会管理等。社会服务按服务性质可分物质性服务和精神性服务。学生在周末或节假日开展的社会服务活动很多，如各种类型的志愿服务、学雷锋活动、社会公益活动等。

（1）会展志愿服务活动。最简单的会展志愿服务是帮助做会议记录、资料整理、签到引导、现场咨询、会展调研等内容的服务，以及为保证会展活动正常开展、防止出现人员或物质安全事故所做的安全保卫类服务。

》》拓展阅读

"万步有约"志愿活动

全国第六届"万步有约"长沙县赛区职业人群健走激励大赛于5月31日下午在松雅湖畔盛大启幕。此次"万步有约"健走活动，旨在通过职业人群的示范作用，引导全社会深入贯彻落实健康中国战略，推动长沙县辖区健康工作可持续发展，并同步庆祝第110个国际护士节、第11个世界家庭医生日以及中国共产党成立100周年。

机械学子，为此次活动做服务工作。在此次活动中机械工程学院志愿者们发挥了不可忽略的作用，他们相互配合、分工明确，负责参加活动人员的签到、比赛现场的秩序维护以及比赛规则的介绍等工作。

伴随着社会经济发展，人民生活水平提高，我省慢病患病率及死亡率快速上升，防控形势十分严峻。职业人群亚健康问题十分普遍，不少人都被高血压、糖尿病、高血脂、脂肪肝等慢性病困扰。长沙县于2017年加入"万步有约"健走激励大赛，旨在通过职业人群的示范作用，引导全社会倡导"每天坚持一万步，幸福生活一辈子"的理念，带动和发展全省人民的健康生活方式。

此次志愿活动充分体现了我院学生的奉献精神,他们用自己的行动完美诠释了什么是志愿服务,什么是无私奉献。

(来源:湖南机电职业技术学院官微,2021年6月1日)

(2)学雷锋活动。学雷锋志愿者活动是大学生社会实践的常规活动,丰富了学生们的校园生活,进一步彰显并弘扬了新时代的雷锋精神,有利于推动积极、健康、向上的校园文化建设,是一种很常见的服务社会实践课。

拓展阅读

学习雷锋精神,向建党百年献礼

湖南机电职业技术学院电气工程学院(二级学院)开展了一系列学雷锋活动,在校内与校外掀起了"学雷锋"活动的热潮,用爱与行动汇聚青春正能量。

"用爱播撒阳光,用行动传递能量!"电气工程学院学生代表喊出这掷地有声的口号。3月9日,电气工程学院举行了"学习雷锋精神,向建党百年献礼"2021年学雷锋活动启动仪式,总共有100余位学生参加本次仪式。

奉献友爱遍校园。"阿姨,我来帮您扫地。""叔叔,我来一起收盘子。"学生食堂里志愿者温暖的声音响起。3月5日,电气工程学院社会实践与志愿服务部组织了"助力食堂清扫,传递雷锋精神"志愿服务活动,学生们手中拿着抹布和扫帚认真打扫食堂,维护有序文明的就餐秩序,"红马甲"忙碌的身影成了最动人最亮丽的风景。活动过程中,学生们切身体会到食堂工作人员的辛苦,也深深感受了助人为乐的幸福感。

志愿服务暖星城。"谢谢你们呀!这个烧水壶坏了我也没舍得扔,现在又可以用了。"刘奶奶开心地说道。3月5日,电气工程学院联合长沙县大同社会工作服务中心开展了"爱心服务,温暖人心"学雷锋志愿服务,派出一支义务维修队伍为星城社区的居民提供便利,获得居民们不断点赞,实现了"专业知识与居民需求"的完美对接。

电气工程学院"寝室—班级—学院"为一体的三级志愿服务机制让雷锋精神深入到每一位同学的心田,让这个阳春三月因为青春正能量更加的绚烂,让文明奉献的种子遍地生根发芽。

(来源:红网,2021年3月29日,湖南机电职院电气工程学院学雷锋系列活动传递正能量,https://baijiahao.baidu.com/s?id=1695537815105911984&wfr=spider&for=pc)

（3）社区义务服务活动。社区服务是指政府、社区居委会以及数字社区等其他各方面力量直接为社区成员提供的公共服务和其他物质、文化、生活等方面的服务。

当前，随着我国经济成分、生活方式、社会组织形式和就业形式的日益多样化，越来越多的"单位人"转为"社会人"，大量退休人员、下岗失业人员和流动人员进入社区，社区居民群众的物质、文化、生活需求日益呈现出多样化、多层次的趋势，经济社会的发展和居民群众的多方面需要给社区服务提出了新的更高的要求。加强和改进社区服务工作有利于扩大党的执政基础、体现政府的施政宗旨，有利于扩大就业、解决社会问题、化解社会矛盾、促进社会和谐，有利于不断满足居民群众需求、提高人民生活质量、促进人的全面发展。

当前要重点开展好的社区服务是：面向群众的便民利民服务，面向特殊群体的社会救助、社会福利和优抚保障服务，面向下岗失业人员的再就业服务和社会保障服务。社区服务是我国改革开放以来探索的一条贴近基层、服务居民的社会化服务新路子。

① 社区义务维修：好思想驱动好行为。湖南机电职业技术学院电气工程学院的义务维修活动，是社区服务的常规活动，既方便了广大社区居民的生活，又提高了学生的随机应变和实践能力。

▶▶ 拓展阅读

志愿服务与技术提升相互促进

为了有效提高动手能力，增长社会经验，进一步提高思想觉悟、强化团队合作精神和促进综合素质发展，11月21日下午，湖南机电职业技术学院电气工程学院（二级学院）在湘瑞家园小区广场举办了小型电器义务维修志愿者服务活动。

志愿服务活动刚开始，居民就陆陆续续拿着自家需要维修的电器过来求助，现场的志愿者们分工明确，按接待、登记、维修、取回物品的过程有条不紊地进行。在对前来维修电器的居民热情接待并登记后，志愿者们开始对这些电子产品进行现场"诊断"和维修，忙得不亦乐乎。志愿者们细心、精心地维修着每一件电器，运用他们所学到的专业知识来帮助居民，最终电风扇、电饭煲、烤火炉、小台灯、泡脚盆等近30件电器在他们的努力下恢复了"健康"。志愿者们将修好的电器经过现场调试使用后再交还给居民，并告知电器损坏的原因以及使用过程中的注意事项。当遇到部分短时间内无法解决的电子产品问题时，在征得居民同意后，志愿者们将这些电子产品带回校园维修部，维修完毕后再返还居民，居民们纷纷对志愿们竖起了大拇指。

活动结束后，志愿者们表示，作为机电学子，要用自己所学的专业知识助力社区常态化公益服务，实现公益服务的可持续发展，为构建校园周边公益互助社区贡献出自己的力量。

（来源：红网，2020年11月25日，《湖南机电职院义务维修志愿服务共建公益互助社区》，https://baijiahao.baidu.com/s?id=1684298955948966737&wfr=spider&for=pc）

② 公益微行动社区服务：献爱心温暖他人。为了让社会主义核心价值观入心入脑，将社会主义核心价值观的践行日常化、具体化、形象化、生活化，在落细、落小、落实上下功夫，湖南机电职业技术学院定期开展公益微行动社区服务活动。

>> 拓展阅读

希望工程青年志愿者"蓝马甲"行动

2021年4月10—18日，蓝马甲实践活动实施。

在8天的时间里我院81名志愿者前往27个社区开始了属于自己的志愿者之旅。"我们当中有很多人是第一次当志愿者，我们也会遇到不懂的事，谢谢你们对我们的信任和等待，谢谢你们的关心！我们会努力，成为更棒的志愿者！"

教老年人用手机。"子女不在身边，手机问题都没人可以帮忙，现在有你们就好了，上周帮我调节了字体大小，这周又帮我把微信更新了，实在是太好了！"有些爷爷奶奶冒着大雨专门来找我们解决问题，真是感动。有个奶奶是老年大学的学生，她问了许多问题，并自己写在本子上，这让我明白了活到老学到老是一件非常重要的事。

发放预防诈骗传单。志愿者在小区门口，向过往的行人发放防电信诈骗宣传材料。宣传材料中称，当前电信诈骗的主要形式有手机诈骗、电话诈骗和网络诈骗，列举了部分作案手段，并根据不同的诈骗形式提供了防范建议。

帮助有需要的人打理家庭卫生。志愿者走进小区，进行家政帮扶服务，为需要的家庭收拾屋子、打扫卫生。志愿者们对厨房、客厅和卧室认真擦拭、整理和清扫。看着家里变得整洁有序，居民对志愿者竖起大拇指表示感谢。

"能为身边居民奉献一份力量，我们也很开心。哪里有需要，哪里就有我们。"志愿者纷纷表示。此活动，不仅帮助社区部分人解决了实际困难，也弘扬了志愿精神。

志愿者说:"有奶奶询问我们是否吃饭了,并邀请我们去她家吃饭,还多次强调家里冰箱有小菜,但我们还是委婉拒绝了奶奶好意,可奶奶的心意却温暖了我们……"

志愿者感悟:

1. 昨天的老爷爷今天又来咨询了,感受到了相互之间信任,只要真诚对待,大家就是不分年龄身份的朋友。

2. 让我印象深刻的是一位90岁老爷爷来问我们淘宝付款,他头发花白,高高的,皮肤很好,也很有精气神。爷爷笑呵呵地给我们讲他年轻时的故事,一直到下班都不舍得走,觉得他经历丰富,现在生活过得有声有色。

(来源:红网,2021年4月21日,《希望工程青年志愿者"蓝马甲"行动》https://baijiahao.baidu.com/s?id=1697654098986118041&wfr=spider&for=pc)

③ 特色活动:四点半活动。湖南机电职业技术学院"四点半课堂"主要是针对儿童的特点与家长的困扰,结合社区的实际,充分利用儿童快乐家园阵地,关爱儿童的健康成长,丰富儿童的文化生活,免费为社区儿童、留守儿童在放学后到家长下班这段时间提供作业辅导,帮助解决儿童放学之后失管失教的问题,让他们安全而又快乐地度过一段美好时光。

在经济贸易学院社会实践与志愿服务部门的组织下,志愿者们在湘绣社区服务中心开展四点半课堂。每天都会有许多志愿者报名参加四点半课堂,在其中,他们与小朋友们交流,谈话,为小朋友们打造第二个家,同时也为其父母分担压力。每天四点半,都会有一群小朋友在门口盼望着志愿者们到来,当志愿者们的身影出现时,你会发现他们脸上洋溢着微笑,那可能是世界上最纯真的笑容。

当小朋友们在做作业的时候,志愿者们就在一旁认真辅导。如果有小朋友对作业有疑问,向志愿者们求助时,志愿者们都会根据他们所提的问题为他们指点迷津,并且与小朋友主动交流。为了让小朋友们更好地理解他们的话,志愿者们会举例说明,用生活中我们需要学习需要明白的例子。在活动过程中,志愿者们也会利用一些游戏给小朋友们带来欢乐,并且带领他们在游戏中学习,在游戏中进步,在游戏中爱上学习。志愿者们并不只是这些小朋友的辅导老师,同时也是他们的好朋友。

(4)社会公益活动。社会公益活动是社会组织为了强化道德人格形象,立足于人道主义精神或者构建和谐社会理念,在本职岗位之外为公众提供无偿服务的过程。大学生社会公益活动由大学生发起或参与,以利他为内容,以公共利益为目标指向。大学生社会公益活动是服务社群的一种方式,也是大学生观察和研究社会的途径。这一渠道,拓宽了大学生的视野，同时让大学生接受思想政治教育、理论与实际相结合。大学生社会公益实践活动具有自愿性、社会性、利他性、学习性以及多方联动性等多重属性，体现了青年学子接触社会、参与社会、改善社会的良好愿望。

思想政治教育的重要功能是培育学生的公德之心、大爱之心，奉献社会、奉献国家的优秀品质，社会公益活动是一种进行思想政治教育的有效的活动形式。

〉〉拓展阅读

湖南机电职院开展无偿献血暨"造血干细胞捐赠宣传进校园"活动

由长沙县红十字会组织的无偿献血暨"造血干细胞捐赠宣传进校园"活动在湖南机电职业技术学院田径运动场举行，湖南省血液中心副主任陈胜、湖南省血液中心体采一科主任黄源昆、长沙县红十字会常务副会长夏声潮来到活动现场，湖南机电职院副院长郭凤鸣在现场进行了无偿献血采血检测。

学生参与无偿献血活动十分踊跃，数控 1801 班班长唐吉龙带领全班同学加入了这场特殊的"生命接力"。他表示，班级同学都很积极，献血提议一出，就得到了全班同学的赞成。所有同学依次来到现场排队填表、检测，符合献血条件者直接采血进行捐献。

很多学生在现场进行了造血干细胞捐献了解。大二学生曾涛表示，看过造血干细胞捐赠宣传片，就直接过来报名了。经过咨询，他得知干细胞捐献只需要填写中国干细胞捐献者资料库的申请单，采集 8~10 毫升血液后，即成为我国干细胞资料库的一员。在病人需要时，从资料库中配型成功后，再次征得捐献者书面同意，就可以按程序开展后续的相关步骤。曾涛没有犹豫，现场表示愿意捐赠。他说，能帮助需要帮助的人，给身患绝症的人带来希望，在以后的日子里，想着自己曾经在某一天、某一个时刻拯救了一个生命，肯定会非常有成就感。

"这是我第三次无偿献血了。"同样签下了造血干细胞捐献的机制 1804 班学生陈龙表示，之前没有了解过造血干细胞捐献是一个什么类型的捐助，这次通过医护人员科普才完成了解。他倡议道，作为一名新时代大学生，学会奉献学会帮助别人是必修课，尽自己最大的力量帮助那些需要帮助的病人，希望他们早日恢复健康。

活动当天，湖南机电职院共有 8 人签字同意造血干细胞捐献，共有 62 人参加了无偿献血。据悉，该院连续多年获评为湖南省高校无偿献血先进单位、驻长高等院校无偿献血先进单位，2019年全年献血人数近1000人，献血量近40万毫升。

（来源：红网，2020年6月15日，《湖南机电职院开展无偿献血暨"造血干细胞捐赠宣传进校园"活动》，https：//hn.rednet.cn/content/2020/06/15/7374327.html）

（5）义务劳动。义务劳动指不计定额，不要报酬，出自自己的自由意志而进行的劳动。列宁曾把十月革命胜利后在俄国工人中产生的共产主义星期六义务劳动称为"伟大的创举"，是共产主义思想觉悟的具体表现。湖南机电职业技术学院实施义务劳动纳入学分，学生每年每个班进行一周的义务劳动，打扫教室区、办公区、实训区等公共场地卫生，由各场地派人专门管理劳动完成情况，并进行成绩评定。

>> 拓展阅读

湖南机电职业技术学院的义务劳动纳入学分

10月7日，湖南机电职业技术学院劳动教育课程启动仪式举行。

启动仪式上宣读了《学院劳动教育课管理办法》，强调劳动教育课要坚持"安全性、纪律性、科学性、实践性"的原则，让学生深入理解劳动教育为什么、是什么、怎么做。同时也对劳动教育课程的安排画出了"三不红线"。

该院党委书记成立平从"锄禾日当午，汗滴禾下土。谁知盘中餐，粒粒皆辛苦"的古诗感受和造渠引水的故事分享说起，指出工匠精神的核心就是劳动精神，只有辛勤劳动才能锻炼能力、锤炼品德、提升思想。他从思想上的深刻认知、作风上的踏实苦干、行为上的劳动自觉三个方面强调劳动教育的内涵，要求劳动教育课程融入"培养什么人，怎样培养人，为谁培养人"这一根本问题中。

"劳动是推动人类社会进步的根本力量，是美好生活的源泉，一个人德行的养成、奋斗精神的培养就始于劳动教育！"学生代表刘欢从寝室卫生打扫、公共卫生维护、日常行为举止等方面表达了劳动教育课的重要性，并向全体同学发出劳动倡议。

（来源：湖南机电职业技术学院官网，2020年10月8日，《湖南机电职业技术学院的义务劳动纳入学分》，http：//www.hnjdzy.net/contents/272/9788.html）

（五）勤工俭学

勤工俭学，指学校组织的或学生个人从事的有酬劳动，用以助学。美、日等国称之为"工作助学"。学校借以对学生进行劳动技术教育，培养正确的劳动观点和态度，养成自立、自强、艰苦奋斗等良好思想作风；加强理论与实际联系，掌握一定的生产知识和劳动技能；学生以个人所得劳动报酬弥补和解决部分学习与生活费用。

随着国家教育体制的改革和素质教育的全面铺开，勤工俭学成为大学生实践活动的重要环节，它可以帮助大学生顺利完成学业，及时而又满意地就业或更好地创新创业。调查表明，大学生勤工俭学的途径主要有以下四种：

一是经过学校社团组织与商家洽谈参加勤工俭学，这种情况大约占勤工俭学总人数的26%。在学生宿舍以及学校教学楼等公众场所，时常张贴着学生社团组织招聘人员参加勤工俭学的海报。

二是通过家教中心的帮助，获得"家教"资格，这种情况约占勤工俭学人数的21%。

三是通过学校勤工助学中心的安排而获得一份工作。学校勤工助学中心是统一组织、管理、协调全校学生勤工俭学的组织机构，每年安排一定数量的贫困学生参加勤工俭学，使他们能够完成学业。但限于条件，一般安排的额度有限，不少大学提供的勤工俭学服务还处在初级阶段。

四是通过招聘广告或他人的介绍，直接与用人单位联系而成为"打工一族"。随着勤工俭学在大学生中的升温，也让一些人看到了商机，出现了各种各样针对大学生的中介所，很多个体业主或小企业愿意雇用心灵手巧的大学生，招聘广告在校园里随处可见。

供大学生选择的勤工俭学的方式并不多，调查显示，主要集中在家教、兼职、零工等几种类型：

一是家教。家教可能最适合学生。

二是兼职。大约60%的调查对象对兼职比较感兴趣。选择兼职的原因大概有三个：一是工作比较稳定，有相对较高的报酬；二是较其他方式能更好地培养各方面的能力；三是为以后到公司谋职做职业准备。

三是零工。零工主要指发传单、送报纸、去肯德基或麦当劳做服务员等，女生也可以做模特，但做这类工作需要克服"此类工作低贱"的思想观念。

引导和协调勤工俭学应着重注意的四个问题：

一是在勤工俭学的概念上和服务的内容上，应该将勤工俭学与学生经商区别开来。学校支持勤工俭学，依法保护学生以诚信和服务获得收入，但不提倡参与以营利为目的的经商活动。

二是严禁学生在酒店歌厅等娱乐场所陪酒陪舞。勤工俭学内容很广泛，但不能只为赚钱什么事都干。学生陪酒陪舞或从事非法职业将给个人和学校带来严重的安全问题。

三是遵纪守法，凭诚信获得报酬。一方面，要严格遵守法纪法规，通过合法途径获取报酬；另一方面，要懂得维权，依法保护自己。应该在了解有关法规、熟悉有关规定的前提下，通过合法的手续办理，在勤工俭学过程中履行义务，享受正当权益，最好要有组织地进行，避免或减少失误、上当和越轨行为。

四是不同年级的学生应视自己的实际学习水平，选择内容不同的、层次有别的工作，尽量参加一些与本专业密切相关的工作，发挥自身的专长和高等教育的优势，将专业知识融入勤工俭学的企事业单位中，以达到学以致用、双赢的目的。

》》 拓展阅读

2021年山东春晚之行

2021年1月10日，"五湖四海打工魂"实习实践团中来自新闻传播学院的刘宝宇同学，跟随山东春晚宣传片项目组乘坐考斯特一同前往山东青岛进行山东春晚相关栏目的策划和拍摄。

1月10日下午，刘宝宇同学跟随团队老师们来到了东方影都。之后，在其中的创客中心进行了为期五天"微综艺"——《闪电兄弟，来了！》的拍摄、场记以及素材的整理。

在此期间，现场的导演要和现场的艺人与秀导进行沟通协作，以保证录制的正常进行，并合理引导双方进行互动形成节目效果。

同时，刘宝宇同学跟随老师进行演播棚踩点，并就所要进行的宣传物料拍摄场地进行合理安排、统筹，确保艺人在录制节目的间隙能够顺利完成宣传物料的拍摄。

1月17日至19日，刘宝宇同学主要负责跟艺统的同学进行艺人宣传物料的对接，并进行春晚彩排花絮的拍摄和记录。在工作的过程中，他数次跟艺人进行沟通协调，确保宣传物料的拍摄有条不紊地进行。

在本次实习过程中，刘宝宇同学认识到，在新闻传播学学习到的理论知识和实际在制作电视节目的时候，是有很大差距的，实际中要考虑的问题是很多的，工位分工也非常细，需要和不同工种之间进行大量的沟通，任何一个环节出现问题，都会导致整台晚会出现不可挽回的失误。"今后，我们不仅仅要学习课本基础理论知识，还要更加积极地参与到社会实践中去，这样，我们才能在之后的工作中不出错误，走得越久、越远。"

（来源：今日大学生网，2021年2月1日，《山东大学"五湖四海打工魂"践以真知岗位实习实践团之2021年山东春晚之行》，https://www.todayuniv.com/sj/shsj/19064.html）

三、课外拓展实践

课外拓展实践主要有下列两大类：

（一）社会考察

由教师选题，组织学生集中外出社会考察，回校后，外出考察学生必须提交一份实践心得，并在所在班级做汇报宣讲，考察心得结集存档，或者选优推荐校报刊发。

>> 拓展阅读

重庆大学电气工程学院"五城筑新征程"实践团访北部智慧之城纪实

为深入了解重庆的开放发展，全面探索智慧生活，2022年1月19日，重庆大学电气工程学院"五城筑新征程"实践团前往重庆市渝北区参观考察礼嘉智慧公园。本次实践活动参与人员为9名电气学院2019级和2020级本科生。因疫情防控需要，礼嘉智慧公园开放的项目有限，实践团重点参观了智慧工作馆、智慧艺趣馆，体验了无人驾驶公交车。

到达礼嘉智慧公园后，实践团首先来到智慧工作馆。智慧工作馆里有许多"智慧"的成果展示，实践团成员们一一体验，感受科技的发展给生活和工作带来的便利。在智慧工作的一天，人们可以乘坐无人驾驶公交车前往公司，可以通过语音转写系统进行无纸化的会议，实时记录会议内容。AI可以辅助医疗服务，对患者的病症作出初步诊断，指出病例书写错误，提高医生的工作效率。在智慧学习方面，AI可以针对学生对知识点的掌握情况，形成一个已掌握、部分掌握、未掌握的知识思维导图，便于学生查漏补缺。

参观完智慧工作馆，来到智慧艺趣馆。该馆主要分为数字艺术、数字文化、数字游戏三大板块，融合了AI、AR、VR等多媒体互动技术，让体验者看遍世界美景，试穿中华传统服装，欣赏川剧，游戏娱乐……

离开智慧艺趣馆，路边驶过的无人驾驶公交车吸引了实践团成员们的目光。据了解，礼嘉智慧公园内总共设置了8个自动驾驶公交站台，自动驾驶路线全长6.2公里。在安全员的指示下，实践团成员们纷纷上车，系好安全带。随后，车门自动关闭，车辆自动启程，转弯、直行，始终沿着道路平稳行驶。

礼嘉智慧公园中"智慧"工具众多，在智慧生活的方方面面为游客提供便利。智慧导航帮助游客查询园区相关信息，自主规划游览路线；智慧凉道通过红外线感应到行人走近，便自动开始喷雾降温；声音邮局可以通过录音记录游客的心情或祝福，生成带有二维码的声音明信片；智能座椅不仅给游客提供休息地点，还能将太阳能转化为电能，为手机充电。

通过本次礼嘉智慧公园一游，实践团成员们深刻体验了一场生动的人文与科技完美融合、生态与智慧交相辉映的创新实践，对未来科技发展充满期待；同时，也希望在自己所学的电气专业发挥作用，为未来科技发展献计献策。

（来源：多彩大学生网，2022年1月20日，《以智能科技，邂逅智慧未来》，https://www.usn.net.cn/practice/223454.html）

（二）假期社会服务活动

"三下乡"即有关文化、科技、卫生方面的内容知识让农村知道，促进农村文化、科技、卫生的发展。大力开展文化、科技、卫生"三下乡"活动，是我们党全心全意为人民服务宗旨的具体体现。

20世纪80年代初，团中央首次号召全国大学生在暑期开展"三下乡"社会实践活动。1996年12月，中央宣传部、国家科委、农业部、文化部等十部委联合下发《关于开展文化科技卫生"三下乡"活动的通知》。1997年，"三下乡"活动在全国正式开展。

文化下乡包括：图书、报刊下乡，送戏下乡，电影、电视下乡，开展群众性文化活动；科技下乡包括：科技人员下乡，科技信息下乡，开展科普活动；卫生下乡包括：医务人员下乡，扶持乡村卫生组织，培训农村卫生人员，参与和推动当地合作医疗事业发展。

通过"三下乡"活动，我们国家把发展经济、建设小康和扶贫攻坚结合起来，为农村中心工作服务，为农民致富服务；把集中活动与经常工作结合起来，抓好集中活动，发挥示范作用，做好日常工作，满足农民需要；把面上活动与雪中送炭结合起来，突出工作重点，着重帮助贫困地区的农民；通过"三下乡"活动，引导农民解放思想，更新观念，提高素质，增强致富能力；通过"三下乡"活动，服务农民，锻炼队伍，推动部门工作，加强自身建设；培育农村文化市场，制定政策措施，多渠道、多形式，引导扶持农村文化科技卫生事业的繁荣发展。

大学生的"三下乡"社会实践活动尽管涉及面广，内容丰富，但也必须与农村实际需要相结合。在大学生"三下乡"社会实践活动中，大学生可以也应该将自己在校所学的先进科学的生活观念在广大农村传播，应该紧密结合所学专业技术知识，在农村开展多种形式的先进科技文化知识和生活观念的宣讲活动。大学生参与美丽乡村建设的进程，为大学生了解中国国情开启了一扇窗口，密切了高等教育与美丽乡村建设的关系，这有益于高教体系建立针对性和切合实际的促进美丽乡村建设的策略和途径。一般学校里面组织的"三下乡"活动形式以支教、调查为主。大学生可通过"三下乡"活动丰富自己人生经历，还可以提升自身素质，实现社会实践育人的效果。

1. 假期乡村支教：开启他人智慧　增长自己智慧

我国部分乡村，存在一个家庭常年只有留守老人和留守儿童一起生活的现象，作为青壮年的父母外出打工，农村儿童只能由家里老人来抚养。久而久之，这种隔代抚养，使得农村留守儿童在教育上产生了很多问题。他们与父母之间的亲情越来越淡漠，对完整家庭和爱的认知越来越缺失，而且老一辈的人教育观念陈旧，不能在儿童成长的关键时期给予正确的教育引导。青年大学生，一个朝气蓬勃的群体，年轻有活力就是这个群体该有的精神风貌，要传递这种朝气、传递这份活力、传递正能量。大学生支教也正是将这两个群体连接的一种渠道，这个渠道，可以使大学生增加实践经历，也能让农村留守儿童接触到新的知识，开阔眼界，这是一种双向互惠的实践活动。

>> 拓展阅读

假期支教长阅历

《关于开展2021年湖南省大中专学生志愿者暑期文化科技卫生"三下乡"社会实践活动》中，教育关爱服务团的目标是：重点围绕《"青春湘伴"湖南共青团关爱青少年身心健康工作方案》，开展"十个一"活动，关注农村教育基础薄弱地区，开展青少年心理健康疏导和培训、学业辅导、亲情陪伴、自护教育、素质拓展、敬老孝亲等形式的精准关爱志愿服务活动，关爱事实无人抚养儿童、留守儿童、贫困学校、不良行为青少年、残障儿童、服刑人员子女等青少年特殊群体。

2021年7月13日中午12点整，为引导学生在社会课堂中受教育、长才干、作贡献，在观察实践中学党史、强信念、跟党走，积极投身乡村振兴战略、"三高四新"战略实施，努力成为担当民族复兴大任的时代新人，以实际行动庆祝中国共产党成立100周年，机械工程学院召集"三下乡"全体成员参加动员会议。

7月14日晚，在胡书记组织带领下，"三下乡"社会实践团队一行16人，身着志愿者服饰，扛着志愿者旗帜，从学校整装出发，开展2021暑假大学生"三下乡"社会实践活动。此活动主要目的：为人民群众办实事，为学业教育解难题，提供志愿帮助。

支教组——全身心投入教育课堂，带领孩子们畅游知识海洋。

支教组负责在"三下乡"活动期间为96名学生进行暑期作业辅导，对红歌、党史知识等内容进行教学。

支教内容：

第一天：上午开设兴趣课堂（唱歌），以歌声的形式，培养对音乐的喜爱和追求；下午开设兴趣课堂（绘画），通过绘画的方式，为孩子带来不同的艺术氛围，丰富孩子精神世界。

第二天：上午开设兴趣课堂（跳舞），下午开设课外知识宣讲（建党百年），以轻快舞步带动孩子全身心放松，以《建党百年》专题宣讲，让孩子了解红色精神。

第三天：上午开设兴趣课堂（舞蹈），下午开设课外知识宣讲（防火防水用电安全），摒除安全隐患，维护儿童安全。

第四天：上午开设兴趣课堂（唱歌），下午开设课外知识宣讲（安全防御——禁毒），以实际案例和危害程度，警醒孩子认识毒品安全，远离毒品危害。

第五天：上午开设兴趣课堂（绘画），下午开设课外知识宣讲（安全教育），提高儿童安全意识，助力乡村安全体系。

第六天：上午开设兴趣课堂（唱歌），下午开设课外知识宣讲（意外伤害——自护自救），增进孩子自救能力，提升孩子防患意识。

第七天：上午开设兴趣课堂（舞蹈），下午展开结期活动。周期活动圆满收尾。

（来源：湖南机电职业技术学院官微，2021年7月25日）

2. 假期走访调研与帮扶贫困家庭：寻找乡村发展的出路

通过查阅资料、实地察看、问卷调查、基层座谈等方式方法，较为全面地掌握乡村的生产生活状况、贫困群众现状以及群众发展经济、建设美丽乡村的愿望和诉求，并提出相应对策。

>> 拓展阅读

三下乡：慰问访谈

2021年7月16日，是我院进行"三下乡"活动的第三天，今天我们志愿服务组开启了全新篇章——上门慰问访谈。

"叩……叩叩。""吱呀"一声，门在我们面前打开，映入眼帘的是一位腿脚不便的老人，在我们简单说明来意之后，她表示十分愿意配合我们志愿者的慰问访谈。

在慰问过程中我们从老人口中得知，她目前已是65岁高龄，腿是因为小时候发高烧，条件有限，没有及时医治留下的病根，老伴因高血压中风目前瘫痪在床，家中目前6口人，儿媳在家照顾老人起居，生活这巨大的压力重重地压在了儿子身上。在进行信息登记之后，南塘冲社区柳激主任表示社区会进行相应的补助，帮助老人一家减轻负担，而志愿者们则表示会在有需要的时候挺身而出，服侍与照料老人。

访谈结束时，老人一直向社区与志愿者们表示深深的感谢。离开老人家，在回程的路上，脑海中想起在门口明明腿脚不便却想要送我们离开的老人时，我们在认真思考怎样帮到这老人……

（来源：湖南机电职业技术学院精彩经贸微信公众号，2021年7月16日）

3. 假期投身抗疫

疫情发生以来，全国人民心往一处想、劲往一处使，把个人冷暖、集体荣辱、国家安危融为一体，"天使白""橄榄绿""守护蓝""志愿红"迅速集结，"我是党员我先上""疫情不退我不退"，誓言铿锵，丹心闪耀，集中体现了中国人民万众一心、同甘共苦的团结伟力。我们很多学生加入了志愿者队伍，为抗疫胜利汇聚力量。

》》拓展阅读

假期疫情防控，我是其中一分子

自新冠肺炎疫情爆发后，我院青年学子积极响应党和国家号召，不畏疫情、冲锋在前，第一时间加入志愿者行列，用青春担当诠释了新时代大学生的爱国心、报国情。

尘埃之微，补益山海；

萤烛末光，增辉日月。

我们每一个普通的公民，虽然平凡但仍可奉献光芒，虽然渺小，但仍可贡献涓滴。

暑假，一场疫情防控阻击战骤然打响。在我们机械工程学院有这么一批人，他们迈着坚定的步伐，带着热忱，踏入了这场没有硝烟的战争中。

接下来听一听，机械学子们讲述他们的志愿服务故事。

王常文：暑假时本着奉献社会的精神参加了长沙市学健总队，一直做着社会公益活动。疫情的突然出现让所有公益活动都叫停，在这时许多人都选择回家，我内心却有一个念头，我想去帮助别人，后来的我义无反顾地申请去因疫情而封闭的小区贡献自己微不足道的力量。刚来的时候有很多人问我："怎么那么小就来这里，是大学生吧？"也有人说："你们年轻，纯洁，祖国未来在你们的手中。"后来，疫情越来越严重了，许多人就连经过这里都不敢，连外卖平台也都停止了给这里的配送。但是我坚信，新冠疫情固然可怕，可有我们这样一群有理想有信念的人站在这里，就算未来困难重重最后也会有拨云见日的一天！！

杨谭武：我家住在湘潭岳塘区，因为湘潭最近疫情比较严重，我们这里也被划分成了中高风险地区，在我了解到小区所在的社区人手不够时，本着为国家做贡献和多了解这个社区情况的想法，我毅然决然地参加了社区的防疫志愿工作。我每天工作时间是6:00～21:00，时间很长，工作内容是检查过往车辆的健康码、行程码，给他们测量体温，然后给小区定期消毒，传播防疫小知识。在此期间我有一些感悟：我该在自己的能力范围之内为社会做点有用的贡献，不仅仅是对别人好，也是对自己好，无论是对家人、亲戚，还是素未谋面的陌生人，我始终相信，对别人付出的爱，最终会回报到自己的身上。

刘洋：疫情期间我在耒阳的麓其峰景点帮游客进行体温测量及疫情防控。这已经不是第一回做志愿者啦，但这是第一次做防控疫情的志愿者。在这期间，我帮助自己的城市进行更好的交通管理，体会到了为人民服务的光荣，升华了思想，增强了自我的社会责任感。我相信这不可能是最后一次作为志愿者参与服务，在下次的工作中我一定能更好地表现自己。

杜鑫宇：常德市疫情防控形势严峻，核酸检测、疫苗接种任务繁重，人手严重不足。当我在网格群里看到志愿者招募的消息后，第一时间报名参加了。天天看新闻里面说防疫的事，医生护士都忙得不得了，对他们由衷地感谢与佩服。正好我放假了，我想要加入他们，为抗疫贡献一份属于我的力量。目前，我镇登记参加防疫志愿者已有16人，他们有的是返乡大学生，有的是村里的党员，也有想为防疫做贡献的普通百姓，我很高兴能参与在里面，为人民服务是一件很自豪的事情。

谭灿：在外出时刚好看见了招募志愿者的告示，作为一名中共预备党员的我心想必须起到带头模范作用。8月3日我收拾东西就去报名了，我只做了一天志愿者，8月4日凌晨一两点我就被带走了。那时候我很迷茫，不知道为什么前一天有说有笑的同伴现在却扛着我，将我送入了隔离房。后来了解到，好像是一个刘某女性接触了无症状感染者，然后我们接触了刘某，刘某属于亲密接触者，而我们属于次密接触者。现在的我还在酒店隔离中，我想对那些和我一样在疫情期间做志愿者的同学们说："一定要注意自身安全，不要太劳累，加油！"

（来源：湖南机电职业技术学院卓越机械微信公众号，2020年9月1日）

第四章 大学生社会实践安全防范

一、大学生社会实践安全工作目标及原则

为了进一步规范大学生社会实践的组织、实施工作，贯彻落实国家、学校有关安全工作管理规定，防患于未然，进一步帮助学生明确安全工作的规范要求，切实增强学生的安全和责任意识，增强安全观念，达到提高学生的自防、自卫、自治、自救能力，确保参与社会实践学生的人身和财产安全目标。

要达到大学生社会实践安全工作目标，必须坚持"教育先行、预防为主、明确责任、规范管理"的原则，做好大学生社会实践过程中的安全教育和安全管理工作。

（一）要以人为本，将预防摆在首位

想要加强学生的思想政治教育，首先就要保证遵循国家的科学发展观，将以人为本作为发展核心。所谓的学生安全教育与管理工作，就是加强对人的关怀，就是要保证学生能够健康安全地成长。而安全教育管理工作的最高境界就是将威胁学生人身安全健康的因素，扼杀在摇篮之中，在威胁发生之前就及时发现并消除，正如中国古话所说"防患于未然"。因此，我国高校的安全教育与管理工作应当把学生作为主体，制定切合实际的制度与相应举措，及时发现隐患，消除隐患。

（二）坚持教育为主，管理为辅的原则

加强学生的安全意识最有效的方法就是提高学生的主观能动性，令他们建立正确的安全防范意识，主动掌握安全知识，提高安全技能。要达到这个目标就要坚持以教育为主，管理为辅的原则。将加强学生安全教育与管理的工作融入日常的教学任务当中，令学生耳濡目染，提高安全防范能力，增强安全意识；将自身的健康安全与个人一生发展相结合，不断提高责任意识。不仅如此，还要让学生将安全意识与实践相结合，养成良好的安全防范习惯。

（三）明确齐管齐抓，保证效果的原则

学生安全教育与管理工作是一项庞大的系统性的工作，尤其是高校中的安全教育工

作,涉及的群体、部门非常广泛。群体中有学生、老师、管理者等,部门有保卫处、学生工作办公室、教务处等。不仅如此,大学生社会实践也是高校安全教育工作的重点。

▶▶ 拓展阅读

超九成受访大学生期待反诈教育进校园

姚林林的网店里,出现了一则买家紧急求助:"购买的时候显示账户冻结了9000元,付不了款,怎么回事?"今年春天,姚林林考研上岸,暑期后就要到上海一所知名高校就读。此后,许多认识或不认识的同学开始向她"求经验"。后来她干脆开了网店,售卖自己的考研笔记。本着顾客的问题都是大问题的理念,她赶紧向买家询问情况,却不想,这句话正是诈骗陷阱的诱饵。

电信诈骗以千变万化的形态出现,造成人民群众财产损失。最高人民法院今年6月发布,当前电信网络诈骗犯罪发案仍居高位,在一些大中城市,此类案件发案量在刑事案件中的占比甚至达到50%。据中国公安部统计,2020年,公安机关共破获电信网络诈骗案件32.2万起,抓获犯罪嫌疑人36.1万名,打掉涉"两卡"违法犯罪团伙1.1万个,封堵涉诈域名网址160万个,劝阻870万名民众免于被骗,累计挽回损失1876亿元。

大学生等青年群体,是接触电信网络设备技术、产品的主体人群,一些大学生遭遇电信网络诈骗的案件牵动人心。中国青年报、中青校媒面向全国106所高校大学生发起问卷调查,共回收有效问卷2746份。调查显示,有10.09%受访者曾掉进诈骗陷阱,31.25%受访者曾遭遇过诈骗但没有上当,50.98%受访者身边人有被骗经历,仅25.97%受访者没有经历过、也没有听说过身边人遭遇诈骗。受访大学生对防范电信网络诈骗重视程度较高,95.59%受访者期待反诈教育进校园。

电信网络诈骗"魔爪"向校园蔓延

说起"诈骗",来自湖南某高校的梁淇有倒不完的苦水。即便已时隔4年,第一次被骗的经历仍让她记忆犹新。"当时我刚上高一,因为学校是寄宿制,所以家里每个月都会给我打一些零用钱,不过数额也不多。"但令梁淇没想到的是,刚拿到手的零花钱还没捂热,就被骗子给骗走了。"大概是中午的时候,我收到了一条来自初中同学的消息,她表示自己手机停机了,希望我能帮她充值200元话费,下午就能归还。"收到消息的梁淇有些半信半疑,但骗子很快发来了自己的姓名、学号进行"佐证"。"我表示只能帮忙充值100块，他很快就答应了。"回忆起这段经历，梁淇发现骗子在冒充亲友行骗时，都会提前做一些"功课"，了解一些基本信息，同时表现得非常着急，诱使人赶紧"上钩"。"当他连续发来几条信息表示感谢后，我很快给那个陌生号码充了话费。"

直到初中同学找回账号给自己发来道歉的信息，梁淇才意识到自己被骗了。不敢告诉家里人的她只能暂时"节省开支"，"虽然金额不大，但对于当时只是高中生的我来说，打击还是很大的，用网上很流行的那句话形容，就是'这让本就不富裕的我雪上加霜'。"

谈及"注销校园贷账户"的骗局，来自江西农业大学的闫严表示自己就曾差点"中招儿"。开学之际，他曾接到过一通陌生号码的来电，闫严描述："对方语气严肃，接通过便直接报出了我的姓名和身份证号，还问我是否注册过校园贷。"当时的他并不知道这是新型骗局的常用套路，一听见对方说起"影响个人征信"，很快便慌了神。闫严回忆，电话那头的不法分子其实说话并不算流畅，反而有些磕磕巴巴，但还是学生的他一听见"身份信息被盗用""征信"这样影响重大的词汇，慌乱之下很容易被骗子"唬住"。"紧接着他便提出帮我注销账户，但注销操作有时效要求，中途放弃需要时隔14天才能再次办理。"眼见受骗者即将上钩，骗子便会趁热打铁，要求受骗者需在半个小时内将3万元转移到"安全账户"，账号注销后，钱款则会原路退回。"所谓的'安全账户'其实就是他们的个人账户，我是在借钱的过程中经人提醒才意识到这可能是个骗局。等我再次质问他的工号及姓名时，他立马就把电话给挂了。"后知后觉的闫严出了一身冷汗，"还好我学费交得早，如果我手头上刚好有3万块，可能就真的被骗走了。"

在公安部刑侦局、国家反诈中心指导下，中国青年报社主办，中国政法大学协办，中青校媒、蚂蚁集团共同承办的"无诈校园——校园防骗计划"启动仪式上，安徽省六安市公安局金安分局刑警大队反诈中队指导员陈功名说明了构建"无诈校园"的紧迫性。"电信网络诈骗危害极大，已严重危害国家政治安全、经济安全和社会稳定。有的贫困学生为走"致富"捷径借款刷单，最终受骗，金额从几千、几万、几十万元不等；有的学生受骗后无力返还债务，精神压力过大走上轻生道路，付出生命的代价；有的学生走上诈骗、出租、出借、出售银行卡和电话卡的违法犯罪道路。"陈功名介绍，通过举行形式多样、全校师生参与的防范电信网络诈骗宣传活动，可以进一步提高校园反诈意识，自觉抵制电信网络诈骗违法犯罪活动，筑牢校园反诈防诈的安全高地，为师生创造更加安全稳定和谐的校园环境。

受访大学生期待丰富的校园反诈教育

闫严表示，各种新型骗局在刚出现时，成功率都比较高。"没有听说过、经历过此类骗局，便很难树立起相应的防范意识。"闫严希望大家积极分享诈骗相关的事例，将骗子的常用手段公之于众的同时，给广大群众敲响警钟。"凡是对方提到'学生贷款''注销校园贷''学生账户转成人账户或社会账户'等说辞的，一定就是诈骗。若实在无法判断真伪，可先报警咨询。"闫严希望大家都能接过反诈的接力棒，并将其传递下去。"很多人都以为诈骗离自己很远，殊不知我们每一个人都是潜在的受害者。唯有人人都添砖加瓦，这座反诈骗的防火墙才能越筑越高，越筑越牢。"

随着反诈防骗宣传越来越丰富，不少大学生也在关注、学习反诈知识。中青校媒调查显示，95.23%受访者曾学习过反诈骗知识，其中通过媒体的传播、报道学习的受访者最多（84.09%），其次是学校开设的课程、讲座等（81.61%）。此外，公安等相关部门的组织宣传（68.24%）、亲友告知（47.31%）等，也都是受访者的学习渠道。

也曾遇到过电信诈骗的夏岚是福建一所大学的学生，她感叹："骗子的诈骗手法更新得太快，而且花样越来越多，及时向人们科普新的防骗知识太重要了。"她很愿意去听民警在学校开设的讲座，"反诈民警了解最新的诈骗手段，能把最新的诈骗套路告诉我们，让我们有针对性地防范。而且关于反诈的知识，我们对警察的信任度也更高。当时警官教育我的时候，我就特别反省和自责。"夏岚也很喜欢警察在线上视频平台做的防诈骗传播，"有的民警用段子的形式呈现反诈知识，很吸引人"。

调查显示，受访者接受过的校园反诈教育中，有组织反诈讲座等相关科普活动（72.98%）、学校校园媒体平台传播反诈知识（68.46%）、开设反诈相关课程（56.96%）、举办反诈知识竞赛、反诈文艺演出等创意类活动（36.05%），以及利用学校周边（如反诈月饼、反诈水杯等）进行宣传（27.39%）等。

在受访者看来，校园反诈教育还存在一些不足，包括形式比较传统、不够新颖、对学生吸引力低（65.33%），宣传覆盖面不够广（47.12%），反诈宣传停留在表面、对学生的警示作用不够（42.97%），没有充分利用大学生常用的传播平台（37.36%）等。受访者最期待的反诈教育形式，是有意思的反诈宣传片或其他文艺类作品（76.98%），此外，一线民警进校园开展反诈相关活动（67.33%），有创意的横幅、海报等给人视觉冲击力强的反诈宣传作品（59.10%），可以随身携带、实用性强的反诈宣传周边，如水杯、手机壳、帆布袋等（47.05%），开设实用性高的线下反诈教育公共课（40.68%）等，也受到大学生的期待。

有了被骗的教训，梁淇有了更深刻的防范意识。俨然成为好友圈里"反诈小卫士"的她，对电信网络诈骗深恶痛绝："开学季就是诈骗的高峰期，不少不法分子以打着'注销校园贷账户'的幌子，诓骗大学生泄露银行卡的信息。"在她看来，此类诈骗对高校学子带来的负面影响和损失巨大:"我听说我们学院就有同学被骗了一整年的学费,接受了辅导员很长一段时间的心理疏导。"为此,加入了学院校园媒体的梁淇开始积极参与反诈主题的宣传,主动申报相关选题,并将一些枯燥的知识制作成通俗易懂的图文或视频进行传播。

科技感、花样多的反诈教育吸引眼球

受访者期待的反诈形式中,开发国家反诈中心 App 这类可以拦截电信诈骗的工具(80.63%)比例最高,打击信息贩卖、杜绝信息泄(72.40%)紧随其后,此外还有做好学校、社区、企事业单位等机构的反诈科普工作(66.02%),通过更易于传播的电影、视频、漫画等形式传播反诈知识(59.03%),建立完整有效的诈骗案件举报渠道,公布、还原诈骗过程警醒他人(54.04%),加大对诈骗行为的打击、惩罚力度(52.51%),建立完整有效的反诈举报渠道,公布、还原诈骗过程警醒他人(51.31%)等。

谈到反诈教育的普及,闫严对由公安部刑事侦查局组织开发的"国家反诈中心 App"的推广方式印象深刻。"前段时间,来自河北秦皇岛海港区公安分局的反诈民警陈国平,也就是'反诈警官老陈',通过直播连线主播的方式宣传反诈知识,呼吁网友下载国家反诈中心 App,非常'出圈',我个人也觉得非常有意义。"闫严表示自己深刻感受到了公安部门宣传反诈骗的力度,无论是旅游、逛超市、网上冲浪,都能遇到宣传反诈的民警和反诈骗相关的提醒。"有些景区也很会玩,告知游客优惠的前提就是下载国家反诈中心 App。"闫严也特意做了功课,他发现,这款 App 拥有"来电预警"功能,每当有陌生电话打进来,它就会通过大数据和人工智能比对判断该电话号码是否是诈骗电话,并给出"疑似诈骗电话"的示警。"不仅如此,它还拥有风险查询等功能,可以查验对方给的支付账户或银行卡号是否存在异常。"

姚林林期待防骗知识更多地出现在大学生常接触的平台,"这些平台还可以针对性地向用户推送一些好的反诈知识传播产品,把好的反诈宣传推到大众视野中。"姚林林也想为校园反诈做一些努力,"比如做一些场景还原的表演、真实案例的宣传等等"。她也在不少 App 上看到过反诈提醒,在她看来,这也是平台在反诈防骗方面负起了责任,"诈骗,尤其是电信诈骗,也需要这些平台的共同努力"。

在"无诈校园——校园防骗计划"启动仪式上,蚂蚁集团大安全资深总监、反欺诈专项行动负责人顾鸣说:"在全民反诈的浪潮之下,社会各界都在和骗子比拼速度,我们希望人工智能的助力能够成为加速引擎之一。新一代的反欺诈风控体系从静态的被动防守转变为动态的主动对抗,形成了信息泄露防治、异常操作捕捉、风险预警、风险交易阻拦、线下精准打击的全链路防控体系。"

梁淇希望有越来越多的同学可以加入反诈宣传的队伍中来。"青年可以作为推广反诈教育的主力军,将反诈知识包装成更有意思、更易于传播的物料,在高校乃至全社会进行宣传。"梁淇提到了曾上过热搜的"反诈月饼","希望更多高校可以尝试此类创意宣传,易于普及,同学们喜闻乐见。"同时,她期待高校可以组织一支自己的反诈宣传队伍,定期开展主题活动。"比如说举办反诈短视频大赛,或者反诈宣讲等主题活动,甚至可以走出校园,向老人、小孩等易受骗人群普及常见的诈骗手段,打好预防针。"梁淇说道。

苏筱被骗的经历也成了学校老师科普反诈知识的"反面教材",不过苏筱并不介意,"如果我的经历能给大家起到警示作用,也算值了。"现在,苏筱的手机里多了几道防火墙,国家反诈中心 App 以及云南当地推出的小程序"防诈金钟罩"成了她保驾护航的密码。有了一次被骗经历后,"不要贪、不要怕、不要信"成了苏筱常挂在嘴边的"三不"箴言,"遇到可能是诈骗分子的时候,不要害怕,学会拨打 110,保护好自己的个人财产。"

(来源:《中国青年报》,2021 年 10 月 25 日 08 版,《超九成受访大学生期待反诈教育进校园》)

二、大学生实践安全基本常识

大学生开展社会实践时,应具备交通安全、财产安全、住宿安全、实践现场安全、野外实践安全、卫生安全等安全基本常识,从而保护好自己。

(一)交通安全

(1)乘坐高铁、普通列车或者到长途汽车站内乘坐具有营运资格的汽车,不乘坐黑车。站内的长途汽车一般都是直达目的地,既快捷又安全。

(2)横过道路或通过车流量较大的路段、路口及上下坡时应注意交通安全,雨雪天气、夜间等照明不良的情况下应特别注意。

(3)在马路上行走,应遵循靠右原则,红灯时不能穿越马路;设有人行道的路段应在人行道内行走;不得在道路上嬉戏或进行其他有碍交通秩序的活动。在通过路口或横过道路时应走人行横道线，无人行横道时，应首先观察道路两边，避让过往车辆，确认安全后再行通过。

（4）骑自行车应在道路右侧靠边慢行，转弯时应减速观察，并伸手示意；禁止骑车冲坡、带人，停放自行车时应在规定地点有序停放，不得占道。经过路口、横过道路、下坡、人流量大的地段应下车推行。

拓展阅读

大学生回家遇"人在囧途"：乘"黑车"被甩，搭私车被"宰"

1月21日凌晨，对于刚上大一的黄同学来说，可谓"印象深刻"。因为当天凌晨4点下火车后，他误乘了一辆"黑车"，结果在前往贵州黔西县的途中遭到甩客，这已经够倒霉了，岂料，在换乘另一辆私家车后，黄同学又遭到了"宰客"，80公里的路程，竟然要收500元。

误乘"黑车"半路被甩

家住贵州黔西县的黄同学，是四川大学一名大一学生，2018年1月21日凌晨4点多，他乘坐火车从成都前往贵阳火车站，出站时，一男子挡住了他的去路，"同学，到哪里？"

当时又黑又冷，小黄一心想尽快回家。"我到黔西。""黔西有车，过来买票，70块一个人。"付钱后，男子带着小黄来到火车站左侧一马路边，上了一辆10多人的中巴车。大约凌晨5点，车上的人齐后，中巴车开始启动。

也不知道车开了多久，突然，驾驶员将小黄叫醒，告诉他黔西到了，下车后，小黄发现，这里并非黔西县城，而是在高速公路上。

正当小黄准备询问驾驶员时，驾驶员将小黄的行李放入路边停靠的一辆白色私家车后备厢里，"你坐他的车就可以到县城了。"话毕，驾驶员返回中巴车迅速离开现场。

换乘私家车又被"宰"500元

见状，小黄只好进了这辆私家车。

当车开了几分钟后，驾驶员突然告知小黄，起步价10元，每公里按8元收费。"刚才你怎么不说。"小黄一边质问，一边打开手机地图，发现自己的位置距离黔西县还有80公里。

经过一番讨价还价，司机最终要求小黄支付500元车费，小黄也只好默许。

早上7点过，当车辆开到黔西县高速路口时，驾驶员将小黄叫下车，小黄用微信支付了500元车费。

警方介入找到驾驶员并退费

事后，小黄前往辖区派出所报案。21日晚上10点多，小黄告诉记者，经过莲城派出所和林泉派出所民警的帮助，当天通过调取监控查到了"宰客"小轿车的驾驶员，晚上9点，该驾驶员来到莲城派出所将小黄的500元退还的同时，还向小黄致歉。

（来源：澎湃新闻网，2018年1月23日，《大学生回家遇"人在囧途"：乘"黑车"被甩，搭私车被"宰"》，wanghttps：//www.thepaper.cn/newsDetail_forward_1963177）

（二）财产安全

（1）和陌生人接触要提高警惕，不参与陌生人的争吵、娱乐游戏等。

（2）注意防范诈骗案件，识别犯罪团伙假装游客、乞丐或警察设陷行骗或抢劫。不向陌生人泄漏自己的身份证号码和家庭联系方式。请家人、朋友不要轻易相信陌生人传达的消息，如有任何消息应及时向公安等有关部门联系，切勿向陌生人或者陌生账号转账汇款。

（3）加强钱物保管。文件、钱包不要同时放在一起，分开存放；贵重背包做到包不离身，且置于胸前；贵重钱物不要放在易被刀子划开的塑料袋中；也不要在旅馆等住处存放现金。

（4）注意贵重物品的保管和存放；队员之间互相熟悉携带的行李，便于互相照看；上下交通工具、更换住宿地点时注意清点物品，避免遗失；乘坐列车时记住车厢、座位、铺位号，乘坐汽车等交通工具时注意记录车号，便于出现问题时查找和联系。

（5）夜间乘坐交通工具，贵重物品注意贴身存放，睡眠过程中不要将贵重物品放在行李架上，减少被盗窃的可能。

（6）出行时注意防范扒窃和双抢案件，钱包、手机等物品不要放在双肩背包里或者挂在胸前；如无必要，不佩戴首饰，尤其是贵重首饰。

（7）注意防范银行卡犯罪，妥善保管证件，有效证件和银行卡不要放在一处；不携带大量现金，并且尽量不要集中一处存放；使用ATM机应注意周围是否有可疑人员，注意ATM机上是否有可疑的附加设备；任何情况下，不将卡号和密码以及身份证号码告诉陌生人。

（三）住宿安全

（1）应在安全卫生具有营业许可证的正规宾馆、旅店住宿，住宿需将房门反锁；不轻易给陌生人开门。

（2）如遇警察检查身份证等，可请其先出示自己的证件，记下警牌号、警车号等；如证件被警察没收，应要求其出具没收证件的证明。

（3）注意防火及电器安全，出门须切断充电器等电器电源。

》》拓展阅读

大学生宿舍防火常识

冬季将至，鉴于目前在全国范围内出现多起高校火灾事故，严重威胁到同学们的生命、财产安全，需要同学们凡事从自身做起，把防火的意识牢记于心，从保护同学、学校以及自己的生命财产安全出发，只有这样才能从根本上减少以至杜绝火灾的发生。

一、引发火灾原因

1. 大功率用电器

寝室中，大功率用电器是引发火灾的主要原因，如电茶壶、电炉、热得快、电炒锅等，都是靠电阻值较大的材料发热来获得热量，耗电量高（热得快功率就有800~1000瓦），如果用不配套的电线连接，一通电就会电线发热，橡皮绝缘体软化，时间一长，超负荷运转就会使绝缘体老化甚至燃烧，从而引起火灾。

2. 随意使用明火

使用明火主要是指蜡烛、吸烟、在宿舍里焚烧杂物等。宿舍里所配置的生活家居品多为木质结构，放置的物品又多为学生的被褥、书籍等易燃物，稍有不慎都能引发火灾。

3. 私拉乱接电源线

学生宿舍内电源线普遍比较乱，容易导致划破绝缘层造成线路短路或因接触不良发热引起火灾。

4. 用电器长期处于工作状态而无人看管

以上都是导致学生宿舍火灾频发的重要原因，绝大部分宿舍学生充电器用后并未及时拔下。如2002年1月某高校一宿舍发生火灾，只是配置给该宿舍的长期物品柜等设施因火灾被损，另有价值4000余元的学生个人财物被烧毁。经查，这起火灾事故起因归于该宿舍两名同学将应急灯长时间充电，使蓄电池过热，引燃桌下纸箱内的易燃物。

二、安全用电常识

（1）使用的插座、电线等必须符合安全质量标准，电器安装符合有关规范。发现破损，请及时更换。

（2）电线、插座、风扇、电脑不要安装在睡床上，以防漏电。

（3）不要在宿舍里使用劣质电器及非安全电器，如电炉、电锅、电热杯、热得快、电热褥、取暖器、电熨斗等电热器具。

（4）避免使用多用插座，禁止带电接线和带电移动、安装、修理电器，必要时应采取隔离措施。

（5）断落的导线不要用手去拾。

（6）在使用过程中如发现充电器、台灯等有冒烟、冒火花、发出焦煳的异味等情况，应立即关掉电源开关，停止使用。

（7）有些充电设备使用时间过长会造成险情，出门时，请同学们自觉检查一下充电器是否处于安全状态。长时间外出前务必拔掉所有充电器，以避免火灾事故的发生。

（8）要避免在雷雨天气的环境下使用带电物品，易使充电器、电插排等遭受雷击，这样不仅会损坏电器，还会发生触电危险。要拔下电源插座。

（9）电插排、充电器长期搁置不用，容易受潮、受腐蚀而损坏，重新使用前需要认真检查。

（10）手机、台灯在充电过程中会散发出热量，应注意保持电器所处工作环境的良好通风，不在过高的环境温度下启用，将它们远离纸张、棉布等易燃物品，防止发生火灾。

（11）使用台灯灯具时，不要在灯罩上或其附近放置易燃物品，如纸片等，容易引起火灾。灯头接触不良、灯头与玻璃壳松动、电气线路破损、接头松动等也可引发火灾。灯具表面温度过高，玻璃壳受热不匀，如果有水珠溅到高热的灯泡上会引起灯泡爆裂，掉下的玻璃碎片或灯丝可能会造成人身伤害或使可燃物起火。台灯必须放在桌面上使用，尽量不要使用床头灯。

（12）手机充电时间过长、边充电边打电话而导致电话机身发热，都属于高危易爆状况。

三、防患于未然

（1）认真了解公寓楼的结构，掌握公寓楼内基本布局，熟悉消防通道的方向和位置，熟悉楼道内警报铃、消防栓和灭火器等消防设施的分布。

（2）自觉爱护消防设施，不得擅自挪用，也不要乱按楼内的消防报警器等按钮。

（3）安全通道，如走廊、楼梯、安全出入口等要保持畅通，不得停放自行车、堆放任何材料和杂物堵塞消防通道。

（4）熟练掌握各种消防器材的用法，能够在火灾的第一时间进行适当自救。

（5）发现火警，应立即按响就近的警铃，并高声呼叫，报告值班员；听见火警报警响，不要慌乱，有秩序地使用最接近的楼梯或安全通道出口离开现场，切勿乘坐电梯；在不懂得消防器材的使用方法或非安全的情况下，不可冒险使用附近的灭火器。

（6）学会保护自己。树立防范意识，掌握安全基本常识，紧急情况下临危不乱；遵守宿舍安全管理制度，服从工作人员管理；遇到情况，请立即找管理人员寻求帮助。

（7）切勿随便按动报警装置，火警钟误鸣会造成极大滋扰及不便，故引致火警钟误鸣的学生应负相应的法律或经济责任。

四、如何扑灭初起火灾

火灾刚发生时，火势一般并不很大，只要掌握正确的灭火方法，就能把火扑灭在初起阶段，避免酿成大祸。

（1）发现火灾时，应大声呼救，争取周边人的帮助，同时迅速报告值班员或拨打"119"火警电话报警。

（2）在消防人员赶到现场之前，应设法灭火自救。灭火时可就地取材，有灭火器最好，也可用沙土、毛毯、棉被等物品覆盖灭火。

（3）着火时不要随便打开门窗，以免空气对流造成火势蔓延。

（4）在有人被围困的情况下，要先救人。

（5）电器着火时，要先切断电源后灭火。

五、自救逃生要诀

1. 逃生预演，临危不乱

每个人对自己工作学习或居住所在的建筑物的结构及逃生路径要做到了然于胸，必要时可集中组织应急逃生预演，将会事半功倍。

2. 熟悉环境，暗记出口

当处在陌生的环境下，务必留心疏散通道、安全出口及楼梯方位等，以便关键时候能尽快逃离现场。

3. 扑灭小火，争分夺秒

当刚发生火灾时，应奋力将小火控制、扑灭；千万不要惊慌失措地乱叫乱窜，置小火于不顾而酿成大灾。

4. 保持镇静，明辨方向

朝明亮处或外面空旷地方跑，要尽量往楼层下面跑，若通道已被烟火封阻，则应背向烟火方向离开，通过阳台、气窗、天台等往室外逃生。

5. 不入险地，不贪财物

应尽快撤离，不要因害羞或顾及贵重物品，而把宝贵的逃生时间浪费在穿衣或寻找贵重物品上。

6. 简易防护，捂鼻匍匐

为了防止火场浓烟呛人，可采用毛巾、口罩捂鼻，匍匐撤离的办法。

7. 善用通道，莫入电梯

发生火灾时，要根据情况选择进入相对较为安全的楼梯通道，千万不要乘普通的电梯逃生。

8. 缓降逃生，滑绳自救

可以迅速利用身边的绳索或床单、窗帘、衣服等自制简易救生绳，并用水打湿，从窗台或阳台沿绳滑到下面楼层或地面，安全逃生。

9. 避难场所，固守待援

首先应关紧迎火的门窗，打开背火的门窗，用湿毛巾、湿布塞堵门缝，或用水浸湿棉被蒙上门窗，然后不停地用水淋透房间，防止烟火渗入，固守在房内，直到救援人员到达。

10. 缓晃轻抛，寻求援助

被烟火围困暂无法逃离的人员，应尽量站在阳台、窗口等较易被人发现和能避免烟火近身的地方。在白天，可以向窗外晃动鲜艳衣物，或外抛轻型耀眼的东西；在晚上，可以用手电筒不停地在窗口闪动或者敲击东西，及时发出有效的求救信号，引起救援者的注意。

11. 火已及身，切勿奔跑

火场上的人如果发现身上着了火，千万不要惊跑或用手拍打，因为奔跑或拍打时会形成风势，加速氧气的补充，促旺火势。当身上衣服着火时，应赶紧设法脱掉衣服就地打滚，压灭火苗；及时跳进水中或让人向身上浇水、喷灭火剂。

大学生是国家的未来和希望，保护国家、人民和公共财产的安全，保护他人和自身的安全，已成为当代大学生的神圣权利和义务。了解、学习和掌握防火知识，协助学校做好防火工作，减少和杜绝火灾事故的发生，保障安全，是实现上述权利和义务的重要方面。

古训有"天下兴亡，匹夫有责"。防范火灾，保护我们共同的家园也是每一位师生员工的共同责任，让我们每个人都肩负起防火安全的责任，从思想上树立牢固的消防安全意识，从我做起，从现在做起，构筑一道防范火灾的钢铁长城，共同创造一个安全、稳定、和谐的学习、生活环境！

（来源：搜狐网，2017 年 10 月 8 日，《大学生宿舍防火常识》，https：//www.sohu.com/a/196865322_99945505）

（四）实践现场安全

（1）去实践现场，必须保持联系畅通，应当保证每一位队员可以和院系团组织或者其他部门取得联系。

（2）为便于紧急情况下的迅速行动，不推荐女生穿裙子，不推荐穿拖鞋和凉拖，长发同学将头发扎紧。

（3）遵守实践接待单位的安全要求，在石油、化工、电力、建筑等单位工作区参观访问时，应按照接待单位的要求做好安全工作。

（4）警惕传销组织、法轮功等非法组织的活动，遇到犯罪行为及时报警。

▶▶ 拓展阅读

警惕传销　禁止传销

一、合法直销与违法传销的区别

合法直销具有国家核发的直销许可证，以销售产品为企业运营基础，直销企业通过直销员直接面向最终消费者销售（即单层次）。传销是多层次，团队计酬（复式计酬），有的甚至是不以销售产品为目的的"拉人头"活动。

二、以下行为属于传销行为

1. 组织者或者经营者通过发展人员，要求被发展人员发展其他人员加入，对发展的人员以其直接或者间接滚动发展的人员数量为依据计算和给付报酬（包括物质奖励和其他经济利益，下同），牟取非法利益的；

2. 组织者或者经营者通过发展人员，要求被发展人员交纳费用或者以认购商品等方式变相交纳费用，取得加入或者发展其他人员加入的资格，牟取非法利益的；

3. 组织者或者经营者通过发展人员，要求被发展人员发展其他人员加入，形成上下线关系，并以下线的销售业绩为依据计算和给付上线报酬，牟取非法利益的。

三、警惕传销的 5 种洗脑方式

1. 充满热情的接待：先给朋友打电话，利用朋友的信任和年轻人希望生活得更有激情的心理特征，以干事业为诱饵，将朋友骗至目的地。到达目的地后，热情接待朋友，召集大家一起喝茶聊天，营造欢乐氛围，并安排在当地游览。其实，这不过是给新骗进来的人制造的假象而已，接待者其实只是这个传销组织中级别最低的"业务员"。"业务员"的工作就是把自己的亲朋好友全骗过来。

2. 所谓"成功学"的灌输：新来的人进入传销组织后，便开始接受"洗脑"培训。授课人往往结合社会情况和个人经历，分析影响成功的因素，将现实中某些问题无限夸大，把过去的那个"我"全盘否定，让每个听课人听得激情膨胀，准备干一番大事业。最后，授课人便鼓动听课人员放下一切，马上行动，快速成功。

3. "直销"掩盖"传销"：新进入传销组织的人要上很多的培训课，授课"讲师"从来不会说自己是在传销，而是说在开展合法的直销。加入公司的人要交钱，买一套产品，以后介绍越多人加入组织，工资会升得越快，从几百元到几十万元不等。

4. "磨砺意志"的假象：传销组织往往会组织"晨练"活动。先是读书、背书，大多是一些关于成功学、营销学方面的书。接着站 5 分钟的军姿，之后是"开心一刻"，让每个人讲一个笑话，以扫除前一天心中存在的阴影。最后是即兴演讲，目的是锻炼口才。传销组织会让组织成员同吃同住，通过"今天睡地板，明天当老板"等口号激发受骗者的工作热情。

5. "ABC 法则"的教育方式："ABC 法则"即 A 带 B 来了，让 C 来做 B 的思想工作。A 负责把 C 神化，C 对 B 进行思想灌输。

四、误入传销组织窝点，怎么办？

不小心误入传销组织窝点后该怎么办呢？请注意以下自救方法：

1. 保管好身份证、银行卡、手机等物品，尽量不要让这些物品落入对方手中。

2. 记住地址，伺机报警。要掌握自己所处的具体位置，楼栋号、门牌号等，若无，可看附近有无标志性建筑。

3. 利用上街和考察的时机，突然挣脱求救。

4. 装病，尽可能地折腾对方，让他们不得安宁，最终同意外出就医。

5. 在上厕所时偷偷写好求救纸条，乘人不备从窗户扔纸条求救。

6. 实在被看得很紧，不妨用软办法，伪装、骗取对方信任，让他们放松警惕，再伺机逃离。

五、新型网络传销骗人步骤

1. 通过建立网站，利用互联网发布"快速致富"等虚假信息，诱骗他人通过网上汇款购买"产品"、致富信息等，取得加入资格并要求继续拉人加入；

2. 利用微信影响力诱导传销；

3. 打着消费积分返现的幌子进行诈骗；

4. 宣扬不劳而获，宣扬创业和投资项目骗取钱财；

5. 以介绍"工作、生意或投资"为敲门砖。

（来源：肇庆市市场监督管理局官网，2021年3月16日，《警惕传销　禁止传销》，http://www.zhaoqing.gov.cn/zqscjgj/gkmlpt/content/2/2492/post_2492969.html#2196）

（五）野外实践安全

（1）注意实践地点的天气、水文和地质情况，了解当地的洪涝灾害和地质灾害高危地区，不要在存在灾害隐患的地点长时间活动，出门须预备雨伞等日常用具。

（2）野外活动避免在危险地带活动，严禁参加野外登山、探险活动；严禁实践过程中在河流、湖泊、池塘中游泳；雷雨天气不要在高处、树下、避雷设施附近，不要接打手机；严禁在野外用火，尤其是森林、草原等高火险地区。

（3）严防暴力犯罪事件的侵害，遇到治安案件和犯罪案件时及时寻求警方的协助。

（4）注意实践地点的治安状况，减少在案件多发地区和多发时间的活动；禁止酗酒、赌博；不参与、不围观打架斗殴行为，避免和他人发生冲突；避免卷入各种群体性事件，防止被人利用和胁迫。

（六）卫生安全

（1）应注意避免在高温、高湿、阳光直射等不利环境下长时间活动，合理饮食，充足饮水，尽量减少中暑等情况的发生。

（2）合理安排作息，避免过度劳累，保证睡眠时间。

（3）注意饮食卫生，尽量少食用生冷食品，尽量不要饮用生水，如无绝对必要，不食用和饮用野外采集的食物和水源，外出就餐注意选择具有一定卫生条件的场所。

（4）加强个人卫生，勤洗手，防止肠道传染病。打喷嚏、咳嗽后要洗手，洗后用清洁的毛巾或纸巾擦干净。

（5）根据当地情况准备合适的个人衣物及个人卫生用具并妥善保管，减少由于高温、高湿、蚊虫叮咬等原因引起的各种疾病。

（6）在车船上要节制饮食。由于没有运动条件，食物的消化过程延长、速度减慢，如果不节制饮食，必然增加胃肠的负担，引起肠胃不适。

（7）了解当地传染病和寄生虫疫情，针对实践地的情况预先咨询医疗机构和医务人员，做好防疫准备，必要时提前注射疫苗；了解当地危险动物（蛇、有毒昆虫等）的活动情况，并做好相应准备。

（8）在紫外线强烈地区，例如高原地带，注意采取防晒措施，避免出现晒伤情况。

（9）实践过程中推荐穿长裤、袜子和运动鞋，减少被划伤和蚊虫叮咬的可能性。

（10）建议指导老师和学生学习一些常见病的处理，携带出行常用药箱，如有可能应当有一到两名参加过有一定急救常识或经验的人员随队。

（11）出行时的常见病主要是感冒、咳嗽、腹泻等消化道疾病、呼吸道疾病，适当备一些药，如果自己用药，一定要有充足的把握，不能滥用药物。

（12）出现伤病人员时，如果没有在医院接受治疗，务必安排身体状况良好的人员陪同，不得让伤病人员单独停留在住宿地点或者活动地点。

（七）其他注意事项

（1）遵守实践地点和单位的保密要求，自觉保守国家秘密和商业秘密。

（2）接受媒体采访要慎重，接受采访时准确判断媒体的来历是否正规，采访中的言行要同党和政府保持一致，展现大学生的良好精神风貌。

》 拓展阅读

央视曝光一批台湾间谍案后　山东海南等地再通报 8 起

澎湃新闻 9 月 17 日消息，"小姐姐主动示好成恋人、当向导自掏腰包陪吃陪喝陪玩、以有偿收集公开资料套取机密……" 9 月 15 日，《新闻联播》《焦点访谈》开始对 "2018—雷霆"专项行动破获百余起台湾间谍案件进行报道。

澎湃新闻注意到，9 月 17 日，包括辽宁、陕西、山东、海南等省份在内，又有一批台湾间谍案通过地方媒体公之于众，目前已有 8 起。

海南、山东有军港被拍

《海南日报》9 月 17 日报道称，近日，海南省国家安全机关公布两起发生在百姓身边的台湾间谍案，打工男子周某、黄某在三亚为台湾间谍情报机关搜集情报被判刑，他们在网上寻找兼职时，却先后被台湾间谍情报机关勾连策反，最终分别被法院判处 11 年和 7 年有期徒刑。

其中，周某是在三亚一旅行社做旅游司机的黑龙江籍男子。

有天晚上，他在浏览 QQ 时，看到一位叫"调研"的网友在"三亚交友群"里发消息，询问有没有在三亚开车的师傅，周某便 QQ 私聊联系"调研"。"调研"告知周某，其是某房地产公司的负责人，公司购买了三亚某直升机基地附近的土地准备建酒店，但目前还没在三亚派驻人员，需要招聘一位兼职员工对地块周边地区进行调研，主要是观察直升机基地附近的土地有无大型货车倾倒渣土，并承诺每报告一次就给 100 元补助。

周某觉得这是个兼职的好机会。在收到第一笔 1000 元经费后，他按照"调研"的要求，每天观察某直升机基地有无大货车经过，后来用手机拍摄基地内直升机停靠照片，通过微信发给"调研"。不久"调研"以工作调动为由，介绍"海蚌"接手对周某的指导。此后，"海蚌"向周某提出更加明确的工作意图，要求他对三亚某军用机场、码头开展搜情活动，并为他购买望远镜、手机、DV 录像机、行车记录仪等器材。

另一起案件发生在青岛，但同样涉及军港。

据《大众日报》9 月 17 日报道，2013 年的一天，在青岛打工的景木接到一个陌生电话，邀请他兼职拍摄"海港风景"。但没想到的是，这通电话却将他带入了犯罪的深渊。因贪图钱财，景木接受了台湾间谍的指令，偷偷潜入青岛某军港拍摄照片并报送给对方，严重危害了国家安全。2015年3月25日，青岛市中级人民法院以为境外非法提供国家秘密罪判处景木有期徒刑11年，剥夺政治权利3年，并处没收个人财产3万元人民币。

报道称，2013年的一天，景木接到一个陌生电话。来电人自称"李永田"，是某杂志社编辑，正在做国内海洋发展的系列专题，邀请景木给他们做兼职摄影师，拍一些周边海港的照片，报酬是每天500元人民币。

为了尽快赚取外快，第二天景木便前往青岛某港口拍了几张船舶的照片。很快，"李永田"打来了600元拍摄报酬，同时表示，景木的照片太普通，他需要一些"军用船"照片。

就这样，2013年10月的某一天，景木来到某军港周边，非法爬过山上的防护网进入军港内部，历时5小时，拍了28张照片，包括军港大门、内部建筑物、公路、标牌等内容。对方对景木的拍摄"成果"十分满意，很快给他打来了800元人民币。此后，景木又对港口周边山上铁丝网架设情况、港口内部沿途景物、部队建筑物和航母码头站牌等内容进行了拍摄，包括照片20张，视频4段。这次，"李永田"更大方了，很快把4 000元人民币打到了景木的账户上。

辽宁、陕西：两学生被策反

台湾间谍情报机关策反发展的目标不止于上述普通人。

据《半岛晨报》消息，日前，辽宁大连市国家安全局破获一起台湾间谍情报机关策反发展我在校大学生，意在我重要军工企业安插"钉子"的李某某案件。

李某某现就读于大连市某重点大学，原本是一个品学兼优的大学生，在校期间一直从事兼职工作。为便于寻找兼职工作，李某某加入多个校内兼职QQ群。2016年年末，兼职群内一个名为Jake的人发布了一条兼职招聘信息，称有一朋友从事船舶海运方面的研究，需该领域相关学术资料，可以提供丰厚薪酬。随后，李某某主动应聘，与"Jake的朋友"建为好友，并在对方高额报酬的诱惑下，接下了这份"兼职"。李某某此时还未意识到Jake等人都是台湾间谍，自己已经被发展成为台谍"情报员"。

为赚取报酬，李某某在台谍的指使下，通过到学校图书馆借阅图书等方式，将搜集到的相关资料使用手机拍照后发给对方。台谍还要求李某某想方设法搜集内部、涉密的期刊、学术研究类的成果资料及引荐部队和造船等方面的人员。为达到长期搜情目的，台谍主动引导李某某毕业后到发展潜力较大的军工企业应聘，并承诺其毕业后若进入军工企业，双方可以进行更好的合作。当李某某与沈阳某大型涉密军工企业签订了就业协议书后，台谍表达了长期合作的强烈意愿，并许诺待李某某入职后，每月给予不低于工资的高额报酬。一心期待赚大钱的李某某，最终等来的却是国家安全机关对其的审查。

报道指出，近年来，台湾间谍情报机关，以互联网为主渠道，采取关口前移的方式，在我重点院校物色、策反、发展在校大学生，并立足长远，引导指挥被策反人员向我重要军工领域钻深爬高，如不及时采取破案措施，势必会对我核心利益造成极大的危害，长期潜在威胁难以估量。案件的及时破获拔除了台谍拟安插在我重要军工企业的"钉子"，消除了涉我国防军工安全的重大隐患。

9月17日，《华商报》报道的4起案例中，也有涉及军工企业。

1971年出生的周伟（化名）是陕西阎良某军工单位职工，负责一些军用装备的装配工作，案发前已经在该单位工作了20多年。

2015年8月中旬的一个周六，周伟到单位加班，中午休息时觉得无聊，便使用微信搜索"附近的人"，发现附近200米左右有一名名为"羽晴"的女网友，微信头像很漂亮，周伟以为是工厂里的同事便添加了对方，并和对方聊天。羽晴称，她是厦门人，今年28岁，当时正在阎良出差做市场调研，两三天后就会回福建。

第一次聊天期间，羽晴询问周伟的姓名、工作单位、具体岗位等信息，周伟如实回答了对方。得知周伟的工作内容后，羽晴表现得很崇拜，也很感兴趣，便进一步询问当时周伟正在做什么工作。周伟感觉到自己的工作好像非常吸引对方，出于炫耀，便告诉对方自己正在从事飞机某部件的装配工作，对方提出想看看他的工作场景，周伟便拍了一张某部件的照片发送给对方。对方表示对周伟的工作很赞许，这让他心里非常受用。

报道称，经过一段时间交流，周伟发现对方对其个人好像并不是太感兴趣，反而一直询问他工作方面的事情，怀疑对方像间谍人员，跟自己聊天好像有特殊的目的，于是周伟将羽晴从微信好友中删除。可过了几天，羽晴又主动添加周伟。周伟质疑对方是间谍，羽晴表示她不是间谍，她只是对周伟的工作很感兴趣，他们聊的内容根本没有什么价值。在羽晴的安抚下，周伟再次相信了对方，双方再次建立起了联系。

2015年9月，周伟被临时抽调对某军用飞机进行改装工作期间，羽晴多次联系周伟并询问该飞机的数量、新老型号的区别、装备变化等信息，周伟都如实地告诉了对方。同年9月底、10月初，羽晴还询问了其他机型的数量、装配等信息，周伟也都告诉了对方。

办案人员表示，周伟知道他的工作是涉密的，羽晴过度关注其工作内容以及频繁追问军事设备的具体信息，让周伟对羽晴的身份产生了怀疑，但羽晴坚持自己是做市场调研工作的，周伟在对方的诱惑下抱有侥幸心理，认为就是与对方随便聊聊天，应该不会泄密，便逐渐放松了警惕。

早前案例不在少数

央视新闻客户端9月15日消息指出，台湾间谍情报机关瞄准大陆赴台青年学生群体，利用两岸扩大交流交往的有利条件，组织安插大批间谍情报人员在岛内高校活动，以各种掩护名义哄骗利诱赴台学生，利用学生从事间谍情报活动，性质极为恶劣。

除了近期曝光多起针对大陆赴台学生的间谍案以外，澎湃新闻梳理发现，被台湾间谍机关渗透、引诱、策反的案例不在少数。

《法制时报》2017年4月17日的报道称，2014年8月，海南某县19岁男子辍学打工后，在五指山市一家网吧上网，一网名叫"风骚小女人"的人申请加他为好友，并附信息："你想发财吗？有份好工作等着你。"

李某某随即将对方加为好友并聊起来。后来，李某某用"老板"汇来的钱购置数码相机和摩托车，发展海南某县中学高二、高三级学生王某、刘某、陈某、洪某4人为下线，按"老板"的要求对我国某军用机场飞机和设施进行偷拍，至2014年年底，前后多次通过互联网给"老板"传送相关照片数百张，得到境外汇来的报酬。2015年1月，国家安全机关侦破此案，李某某受到法律惩处。

报道的另一案例披露，王某大学毕业后，到三亚一家环境科技公司工作。2014年10月，王某在招聘网站发帖寻求兼职，很快有人给他发来招聘信息，对方自称是"海军某装备杂志社"人员，要招观测员，观测报送三亚军港舰船进出情况。对方声称收集这些情况只用于舰船研究，如接受这一工作，除薪酬外公司还将支付观测点的租金。王某按对方的要求，在军港附近租房，购置望远镜，对军港进行观测，先后多次用对方规定的暗语，将各类军舰和工程船只进出军港的情况，通过手机发给对方。

（来源：澎湃新闻网，2018年9月17日，《央视曝光一批台湾间谍案后 山东海南等地再通报8起》，https: //m.thepaper.cn/newsDetail_forward_2448959）

三、大学生社会实践安全事故处置应急预案

为有效预防、及时控制和妥善处理大学生社会实践活动中的各类自然灾害和突发事

件，提高快速反应和应急处理能力，建立一套健全的应急方案，确保组队参与思想政治理论课社会实践活动顺利开展，保障参与师生的生命安全，特制定本预案。

（一）指导思想

（1）精心组织，思想重视，教育在前。高度重视大学生社会实践活动安全工作，提高参加实践活动全体人员的安全意识。

（2）纪律严明，管理严格，积极预防。充分认识到大学生社会实践活动面临的新情况、新问题，充分预见大学生社会实践活动中可能突发的各种事件。

（3）快速反应，及时报告，听从指挥。高度重视学生的人身安全，以学生为本，一旦发生学生意外伤害（事故），必须以最快的速度、最佳的方式做好处置工作，以保障学生安全为最高使命。

（二）工作原则

（1）快速反应的原则。第一时间报告、第一时间果断处置，一旦发生情况，参加社会实践全体人员必须无条件地服从命令、服从安排，听从指挥。

（2）生命财产安全第一的原则。要尽一切可能保护师生生命财产安全，避免伤害事故，将损失降低至最小限度。

（三）制定方案，明确责任

（1）成立突发事件应急处理领导小组，负责突发事件的应急处理工作，应急领导小组由专业的安全指导老师和医务人员组成。

（2）应急小组履行下列主要职责：指挥有关志愿者，采取相应的应急措施；安排相关志愿者开展相关的抢险排危和实施救援工作；根据需要对人员进行救助，并根据事件性质报请突发事件领导小组迅速采取紧急措施，根据需要对事件现场采取控制措施。

（3）突发事件发生后，现场突发事件应急领导小组根据生命第一的原则，决定是否启动突发事件应急预案，并在第一时间向有关校领导报告。

（4）应急状态期间，突发事件应急处理领导小组各成员之间必须保持通信畅通。

（5）在活动开展之前，与每位志愿者进行交流，调节好志愿者的心态，并与其交流在活动中出现的安全问题。

（四）应急调查与救治

（1）突发事件发生后，应急领导小组及有关部门针对事件进行调查处理，通过对突发事件调查，对危害程度进行评估。

（2）突发事件发生后，在进行事件调查处理的同时，团队应立即将受伤人员送往最近医院进行救治。

（3）突发事件发生后，突发事件应急处理领导小组应组织人员立即保护现场，采取疏散隔离。

（五）处置措施

（1）一般性突发事件：团队做好充分准备，进行全面的安全教育工作，并配备可以预防和治疗常见身体不适和轻微受伤的日常药物。出现此类事件，团队成员要齐心协力，相互帮助共渡难关。

（2）较大突发性事件：出现此类事件，团队负责人可以根据情况终止社会实践活动，需要联系交管或公安部门的，应与当地110或交管部门取得联系，将病患送到附近医院进行相应治疗，待病情好转后再行开展实践活动，并及时联系校应急工作组。

（3）重大突发性事件：出现此类事件，团队负责人立刻终止实践活动，立刻联系当地120，将病患马上送到附近医院进行抢救，需要联系交管或公安部门的，应与当地110或交管部门取得联系，并及时联系校应急工作组，迅速报告给副组长。

（4）特大突发性事件：出现此类事件，团队负责人立刻终止实践活动，立刻联系当地110，与交通安全相关的立刻联系当地交管部门，立刻联系校应急工作组，迅速报告应急工作组组长。

▶▶ 拓展阅读

安全应急预案

一、乘车安全

（1）汽车抛锚、意外事故：及时与领导取得联系，并汇报相关情况。

（2）行车过程中严禁将头、手等伸出车窗。

（3）学生晕车、中暑：事前备好药品，以备不时之需，贮备充足的饮用水，补充水分，防止中暑。

（4）乘坐正规公交公司车辆，杜绝事故发生。

二、人身安全

（1）出行前安排各项负责人，要求落实到位，做到行动一致，防止掉队或离队。

（2）水土不服引起的各类疾病及由于高温引起的中暑：备好各类药品、尽量避免高温开展工作，合理安排伙食。

（3）不得私自在湖边、交通干道边逗留。

（4）晚上严禁单独外出，以免意外发生。

（5）一切行动听指挥，加强组织纪律性教育。

三、饮食安全

（1）组织队员尽量到有卫生保障的餐饮店就餐。

（2）不随便购买路边小吃。

（3）饮食一旦出现问题，及时与当地医院部门联系，及时解决。

四、天气变化

（1）活动前一天了解天气情况，通知学生做好相应准备。

（2）出发时遇天气变化，要认真分析趋势和可能，做出延时变更处理。

（3）针对学生可能出现的情绪波动，做好引导、说服教育工作，妥善处理善后事宜。

五、学生突发疾病、意外伤害的处理

（1）师生在途中突发疾病、意外伤害，随队教师立即联系应急车，视轻重由队医作处理，或就近送医院。

（2）师生在矿区里突发疾病、意外伤害，带队教师立即联系总指挥，视轻重作出处理，或送村内医务站诊疗，病情严重的送当地医院急救。

六、学生走失处理

（1）允许学生带手机，师生互留电话号码，以便电话联系。

（2）如发现学生走失，切不可大意、拖延，应立即组织就地寻找。

（3）从学生最后接触的同学入手，了解最后行踪。

（4）电话通知其他带队教师关注寻找。

（5）在寻找过程中加强管理，避免再次发生类似情况。

七、交通事故处理

（1）有严重受伤立即拨打120、110，并立即组织抢救。

（2）迅速报告校领导，调动应急车赶到事发现场，视伤情确定立即送医院还是紧急处理后送医。

（3）保护好现场，指挥师生撤离至安全地点。

（4）向上级领导报告事故情况。

（5）安定学生情绪，询问、检查学生受伤情况，受轻伤学生送医院检查、诊治。

（6）立即成立事故处理小组，分别负责家长、公安、医疗、保险各方接洽，妥善处理善后事宜。写出书面报告，总结经验教训。

第五章　大学生社会实践报告撰写

一、大学生社会实践报告撰写规范

大学生社会实践报告是大学生对某一情况、某一事件、某一经验或问题,经过在社会实践中对其客观实际情况的调查了解,将调查了解到的全部情况和材料进行去粗取精、去伪存真、由此及彼、由表及里的分析研究,揭示出本质,寻找出规律,总结出经验,最后以书面形式陈述出来的实践成果。

(一)大学生社会实践报告的特点

大学生社会实践报告的特点主要包括以下几个方面:

1. 真实性

所谓真实性,就是尊重客观事实,靠事实说话。这一特点要求调研人员必须树立严谨的科学态度,认真求实的精神。只有严谨的科学态度,才能写出真实可靠、对工作具有指导意义的大学生社会实践报告。

2. 针对性

调查研究具有很强的针对性,在大学生社会实践报告的写作上,必须中心突出,明确提出所针对的问题,明确交代这一问题所获得的事实材料,分析出问题的症结所在,提出具体可行的建议和对策。

3. 典型性

典型性是指在大学生社会实践报告的写作过程中所采用的事实材料要具有代表性,以及所揭示的问题带有普遍性。这种典型特点在总结经验和反映典型事件的调查中表现得尤为突出。

4. 系统性或完整性

大学生社会实践报告的系统性或完整性是指由调查材料所得出的结论,必须是具有说服力的,把被调查的情况完整地、系统地交代清楚。

总的来说,大学生社会实践报告要做到论证系统、逻辑严密、摆事实、讲道理,具有超强的说服力,从而使之成为科学决策的可靠资料。

（二）大学生社会实践报告撰写程序

一般来说，大学生社会实践报告写作要经过以下5个程序：

1. 确定主题

主题是社会实践报告的灵魂，对社会实践报告写作的成败具有决定性的意义。因此，确定主题要注意：报告的主题应与实践主题一致；要根据调查和分析的结果，重新确定主题；主题宜小，且宜集中；与标题协调一致，避免文题不符。

2. 取舍材料

对经过统计分析与理论分析所得到的系统的完整的"调查资料"，在撰写调查报告时仍需精心选择，不可能也不必都写入报告，要注意取舍。如何选择材料呢？

（1）选取与主题有关的材料，去掉无关的、关系不大的、次要的、非本质的材料，使主题集中、鲜明、突出。

（2）注意材料点与面的结合，材料不仅要支持报告中某个观点，而且要相互支持，形成面上的"大气"；在现有有用的材料中，要比较、鉴别、精选材料，选择最好的材料来支持自己的意见，使每一材料以一当十。

3. 布局和拟定提纲

这是实践报告构思中的一个关键环节。布局就是指实践报告的表现形式，它反映在提纲上就是文章的"骨架"。拟定提纲的过程实际上就是把实践材料进一步分类、构架的过程。构架的原则是："围绕主题，层层进逼，环环相扣"。提纲或骨架的特点是它的内在的逻辑性，要求必须纲目分明，层次分明。

实践报告的提纲有两种：一种是观点式提纲，即将调查者在调查研究中形成的观点按逻辑关系一一地列写出来；另一种是条目式提纲，即按层次意义表达上的章、节、目，逐一地一条条地写成提纲。也可以将这两种提纲结合起来制作提纲。

4. 起草社会实践报告

这是社会实践报告写作的行文阶段。要根据已经确定的主题、选好的材料和写作提纲，有条不紊地行文。在写作过程中，要从实际需要出发选用语言，灵活地划分段落。

在行文时要注意：

（1）结构合理（标题、导语、正文、结尾、落款）。一般来说，大学生思想政治理论课调查报告的内容大体有：标题、导语、概况介绍、资料统计、理性分析、总结和结论或对策、建议，以及所附的材料等。由此形成的调查报告结构，就包括标题、导语、正文、结尾和落款。

（2）报告文字规范，具有审美性与可读性。

（3）通读易懂。注意对数字、图表、专业名词术语的使用，做到深入浅出，语言具有表现力，准确、鲜明、生动、朴实。

5. 修改社会实践报告

社会实践报告起草好以后，要认真修改。主要是对报告的主题、材料、结构、语言文字和标点符号进行检查，加以增、删、改、调。在完成这些工作之后，才能定稿向上报送或发表。

（三）大学生社会实践报告撰写主要步骤

1. 收集资料

资料是撰写实践报告的基础。收集资料的途径主要有：通过实地调查、社会实践或实习等渠道获得，从校内外图书馆、资料室已有的资料中查找。

2. 拟订报告提纲

拟订报告提纲是动笔行文前的必要准备。根据报告主题的需要拟订报告的结构框架和体系。在拟订报告提纲后，可请指导教师审阅修改。

3. 起草

报告提纲拟订后，可以动手撰写实践报告的初稿。在起草时应尽量做到"纲举目张、顺理成章、详略得当、井然有序"。

4. 修改、定稿

报告初稿撰写之后，需要改正草稿中的缺点或错误，因此应反复推敲修改后，才能定稿。

（四）大学生社会实践报告撰写注意要点

一般而言，要想写出一篇优秀的社会实践报告，必须做到以下几点：

1. 必须掌握大量的第一手材料

调研者要深入群众，了解调查对象各方面的材料，包括正面的、反面的，直接的、间接的，历史的、现实的，弄清它的来龙去脉，为分析研究提供大量、可靠的事实依据。

2. 要善于作认真的分析与研究

对掌握的大量材料作去粗取精、去伪存真、由此及彼、由表及里的处理，要透过表面现象，看到事物的真面目，抓住它的本质，从而得出正确的判断和结论。

3. 要选用切实、可靠的材料说明观点

社会实践报告所揭示的结论，必须通过对具体情况、具体事实作客观的叙述和分析后很自然地得出。要善于用精确、充足的材料来说明观点。不能脱离材料空发议论，也不能只摆一大堆材料，而不提出明确的观点和结论。

4. 社会实践报告的文字要朴素、明确、实在

实践报告可以叙事为主，也可以说明为主，或者叙述和议论兼有，能真实客观地反映事物的原貌。在语言风格上，虽然讲究辞章，但以准确、简练、平实、生动为本，一般不用或较少使用比喻、夸张、含蓄等修辞方式，也不采用华丽的辞藻，避免一切浮词虚言等语言表达方式。

二、大学生社会实践报告范例

大学生社会实践报告范例（一）

报告题目： 大学生摆地摊创业活动

报告正文：

今年的新年与以往完全不同，新冠肺炎的蔓延让我们度过了一个不平凡的新年。因国家的疫情防控措施，我们需要居家隔离并且延迟了开学的时间，与此同时网络上掀起一股摆地摊的风潮，在家闲来无事的我开始思考其可行性。同时面对日益严峻的就业形势和日新月异的社会，我作为一名大二的学生也应提高自己的实践和社交能力，锻炼自己的才干，培养自身的耐性，以便进入社会后可以尽快走入正轨。

有了这个想法后，我开始思考该如何做。摆地摊说难也不难，但单凭我一个人的力

量肯定是不可能的，于是把想法和姐姐说了，与姐姐一拍即合。摆什么又是个问题，但两个人的力量是强大的，我们很快想起外婆家做韩国米饼的机器，便找舅舅借来机器。销售的商品有了，在哪摆摊，怎么卖，又是需要思考的难题。我和姐姐分头解决，我去考察哪的人流量多，姐姐则是制作海报。就这样前期的准备一切就绪，前期筹备工作的顺利让我以为摆摊也会如此，可事实则不然。

  阳光明媚的下午我们开始了我们创业征途。我选择的地点是小区广场的一角，这是进入小区的必经之路，晚上也有很多人在这跳广场舞，而韩国米饼的主要受众是有一定年纪的中年人，他们注重食品的营养健康，我们的米饼正是用五谷粗粮制作而成的，能给人体提供丰富的膳食纤维。我以为最少一天也能卖出去个四五包，然而想法总是美好的，摆了一下午加晚上都无人问津，都没人来看上一看。原本我是信心满满的，现在却深受打击，还有夏天的炎热和体力的不足，回到家中躺下的我，只想放弃，在家躺着吹空调多舒服，才发觉工作的艰辛，体会到赚钱的心酸。但已经开始了，就不可能在这时候放弃，我开始振作起来，和姐姐一起分析原因。得出三点结论：一是没有吆喝声，我们应该放下面子和包袱，要勇于拉客推销产品；二是应该面带微笑，给人热情周到的服务；三是地理位置不够明显，应该换到更加引人注目的地方。针对这些原因我们都想出相应的解决办法。整理好心情又开始了新一天的征程，刚开始很害羞不敢上前更不敢大声吆喝，可眼看着潜在客户在我眼前溜走，我还是鼓起勇气上前搭话，给客人介绍米饼。经过我不懈的努力，终于卖出去一份，赚到人生中第一笔钱：10元。这让我受到莫大的鼓舞，坚定了坚持下去的信念以及重拾了创业的信心。转眼摆摊坚持了十几天，和周边的叔叔阿姨们都熟悉了，没事也能和他们聊聊天。当然过程中也有遇到蛮不讲理难缠的顾客，我从一开始的手足无措到现在的冷静面对，连姐姐都夸我成长了。可随着天气越来越炎热，米饼已不再适合这个季节，我和姐姐也开始思考新的摆摊生意了。

  经过这次的摆摊，我开始从一个不太善于沟通有点腼腆的女生变成不再害怕能主动推销的人，也意识到沟通交际能力的重要性，理论知识远不如实践一次来得让人记忆深刻。很快我们又想到新的生意：套圈。现在摆摊的人越来越多，不断有新的东西涌入，我们想要脱颖而出，必只能靠新点子。我们拿着靠卖米饼赚来的钱作为套圈的成本，在网上订一些小玩意和套环，同时碰巧遇上家附近商城推出的摆摊活动，给我们提供了摆摊位置，就这样我们又开始了新一轮的摆摊。

  吸取了第一次的经验，这次的摆摊开始得很顺畅，生意也源源不断，这更高涨了我的信心，让我更加热情地对待每个顾客。当然，在创业征途中仍有许多绊脚石，期间流下的汗水、情绪的崩溃、客人的找碴、突变的天气、生意的竞争……可正是这些挫折磨难，让我成长为更坚强的人，也明白了一分耕耘一分收获的真正意义。用辛勤和汗水换来的结果让我很满意，最后，我和姐姐用摆地摊赚来的钱出去旅游啦！

这期间的欢乐、汗水、泪水、开心都将是我宝贵的财富，我很庆幸当初我把这个想法化为了行动，让我积累了经验，磨炼了意志，锻炼了能力，增强了我的处事和承受能力。世界日新月异，我们唯有一直与时俱进，才不会被这个时代所抛下。

大学生社会实践报告范例（二）

报告题目：实践出真知，在社会中成长

报告正文：

去年暑假的时候我回到我的家乡——张家界，做了为期两个月的导游，在这两个月的工作中我也获得了一些受益匪浅的经验，为此，我将它们归纳为以下几点供大家参考。

第一，"笨鸟先飞"不如"胸有成竹"。

我是在离假期还有一个月的时候递交的应聘申请，我一直认为导游是一份十分简单的工作，无外乎就是带领游客吃喝玩乐，因此并没有做什么准备。可是当公司把相关文件传过来时我吓了一跳，整整四十六页的资料，不仅仅包括应聘者的学历、特长、语言，还涵盖了旅游地的历史地理、风土人情，甚至是传说和神话故事。我这才感到自己的自以为是有多么的愚蠢，拿着厚厚的一叠资料却无法落笔，如临冰渊。

最后我是凭着唯一的优势——普通话达到二甲水平而勉强通过了录用。

在就职培训阶段，我的骄傲就早已荡然无存，我深知自己与他人的差距，为了跟上别人的脚步，只能选择随时随地抱着资料苦记……以前总听到有人说要笨鸟先飞，通过这次经历我却明白了笨鸟先飞其实是一种被逼到墙角后最无可奈何的选择，我可以告诉你——如果你想要成功，想要轻松地做好一件事，胜任一份工作，除了"胸有成竹"还必须是"胸有成竹"！

笨鸟先飞是由于它对要做的事情一无所知，而大家看看当今社会上铺天盖地的招聘广告，哪个不是写着"有工作经验者优先"？所以不要对你目前的优秀成绩沾沾自喜，在空闲时间玩游戏、斗地主或者睡大觉，那么也许你走出这个校门后，去做清洁工都没有人要你。

笨鸟先飞不如胸有成竹。

第二，一定要有一项自己的优势。

什么是自己的优势？就是你现在正在学习的专业。这是你的选择，既然选择了就要有决心将它学好、学精，否则走出去便会贻笑大方。工作过程中就有一件小事令我至今都无法忘怀：

我住的地方有天晚上因为用电功率过大烧坏了电表，组长提议我去修理一下，然而我看一下那个对我来说很复杂的电路摇头说："不会！"马上就有人用惊奇的目光望向我："你不是学电学的吗，怎么这么简单的电路检修都不会呢？"

是的，如果是其他知识，我完全可以理直气壮地说不会，不会就是不会！但若是连自己本专业的东西都不精，那可就真的是无地自容了。

不论你现在对自己的专业是怎样的一个看法，选择了就不要放弃，并将它学得更好。

第三，学好外语很重要。

我在带团游览国家森林公园的时候遇到了一位掉队的英国游客，不得已的情况下他加入了我的团队，我当时的心情可以用八个字来形容：忐忑不安、羞愧难当。这是因为我除了会说"hello，nice to meet you……"此类的单句，其他一概不会说，而他说的我也听不懂，还是团队中的一个老人为我解了围。

在当今的社会，经济全球化的模式日趋成型，多学会一门外语就多一份机遇，就多一份成功的胜算。

我们十分有必要加强自己的外语学习。

第四，学会节约用钱和感恩。

世界上没有哪一份工作做起来是完全没有压力的，我每天早上 5：30 就要起床安排游客的就餐，直到晚上 10 点游客休息了才算完全意义上的下班，有时候带团去看歌剧，时间还会往后推。而在游览的过程中经常会遇到有些游客不喜欢乘坐游览车，要求步行，作为导游就必须跟着，一天下来，很让人吃不消。

我妈妈经常打电话说："吃不好就回家吃饭，到家也就二十分钟车程，实在累就不干了，反正也赚不了几块钱。"

我知道她是心疼我，但是当我体会到用自己的双手赚钱的苦累之后，就越发不能原谅自己以往对父母的给予心安理得地接受的行为。

我们常常对于自己手中的钱财不以为然，那是因为这钱来得太容易了！一个电话或者一句信息，父母就会乖乖地把钱打到我们的卡上，也许还是我们要 500 他们打 700，要 700 他们打 1000。

如果有一天你赚了钱，那么我保证你绝对不会肆无忌惮地拿着自己的血汗钱去 KTV 或者酒店挥霍，退一万步讲，至少你会斟酌。

我们要学会节约用钱，要记得那是父母辛辛苦苦得来的。我们更要学会感恩，因为没有人有责任为我们做那么多，如果有人去做了，那仅仅是因为爱。

第五，学会正确地处理人际关系。

"十年树木，百年树人。"做人是一个永恒的话题。

在学校里我们的圈子小，环境干净，矛盾再大也大不到哪里去，然而社会是一张纷繁复杂的巨网，一个不小心就会万劫不复！走上社会后，你需要处理自己和同事之间的关系，和上司之间的关系，和亲戚朋友之间的关系，甚至还有一些意外而来的莫名其妙的人和事。

我在带团的过程中有个人不知因为什么和另一人有了矛盾，两个人都无法忍受与对方待在一个团队，但是两个人又同时都不肯加入其他团队，最后闹到了我的上司那里。那么错的是谁呢？是那两个游客吗？不！是我，也只会是我。是我的能力不够，是我的工作不到位，是我没处理好自己和他们之间的关系……所以说如果有一天你发现你与周围的环境不和，那么你只能从自己开始改变，并逐渐融入这个环境中去，积累你自己的力量。只有有了资本，你才能开始尝试去影响这个环境。

这就是生存，这才是生活！

所以说，学校是一片净土，我们在父母和师长的庇护下成长，不论取得多大的成果也没有资格骄傲。人生的路靠双脚行走，靠双手拼搏，只有等自己真正走过之后才能得出客观的评价。

我希望我们的同学都能够好好地体味我们今天讨论的话题，并且开始尝试用自己的双手去独立地生活。我预祝各位成功！

大学生社会实践报告范例（三）

报告题目： 我的暑期实践

报告正文：

我是来自机械工程学院的屈武，十分荣幸作为代表能够在这里发言。下面我把自己暑期社会实践的经历和感悟分享给大家。

经过我反复斟酌，我选择了在长沙的世界之窗工作，所应聘的职位是操作员，主要负责游戏娱乐设备的正常运行以及游客的安全。但当我上岗第一天，并没有料想中的那么从容，整个人显得十分狼狈。经过几次磨炼后，我才变得从容稳重。工作中有时候总感觉到预想与现实相背离，因此只有在实践中去检验自己，才能发现自己的不足，只有通过社会实践才能锻炼自己，增长才干。

在工作期间，我最担心的是在给游客检票时手忙脚乱，这样会导致我出一些小差错，经过我对每次失误的总结，对于各类意外情况的处理我有了很有效的解决方法。这让我深深感悟到，走向社会，我们会独自面临各种各样的问题，我们要学会独立思考问题，培养独立解决问题的能力。虽然在独立解决问题的过程中会遇到一些尴尬和苦涩，但收获的东西却是甘甜的。

最后领的工资虽然只是一点点的钱，但是我知道，一个人在他的学生时代最重要的是学习东西，增长见识，锻炼能力，尤其在大学学习时候，参与社会实践活动是一个很好的锻炼机会，赚钱不是主要的。作为学生，等我们毕业了会有很多赚钱的机会，只要有知识和能力、智慧，我们就可以找到好的工作。珍惜我们的每一个工作机会，不论什么人，什么学历，从事什么工作，好好地表现、展现最好的自己。不要错过好的机遇，没有一件事情是轻轻松松的，但每一件事都是让人成长的。经历一段过程，喜悦或是艰辛，尽管经历的方式不尽相同，但它的结果是相同的，我们都会因涉事而成长。无论遇到什么事情，我们要耐心、细心，一步一个脚印、踏踏实实地去完成每一件事情。

通过这次社会实践，我想告诉学弟学妹们的是：首先我们要学好在大学里的理论课程和专业课程以及基本技能，用知识的力量武装自己。其次，积极参与社会实践，把握每一个能够锻炼自己的机会，完善自我，增长才干。在社会实践中培养独立分析问题、解决问题的能力，为步入社会打下坚实的基础。对待每一件事情我们都要有耐心，踏踏实实走好每一步，在磨炼和积累中不断蜕变，永远展现最好的自己！

大学生社会实践报告范例（四）

报告题目：我的暑期实践

报告正文：

说到暑假生活，我是从高中毕业之后开始打暑假工的，到现在一共有两次假期实践经历，都是在暑假。两次假期工都让我印象非常深刻，尤其是去年暑假，我在一家消防产品公司做事，也是自己去应聘，我分配的岗位是仓库保管员，在这里的两个月工作让我得到了许多关于就职的经历和收获。

第一，要具备比较全面的综合能力。一直以来我的认知中有一个误区，可能也有部分同学和我有过一样的想法，那就是努力学好专业知识才能更好地胜任自己将来的工作，但是通过假期实践，改变了我的这一看法。我的工作是仓管，我工作的地方有两个仓库：一个就在销售门店，货物比较少，管理起来很容易，条件也相对较好；另一个仓库在郊区，很大，货物也很多，条件自然差些。刚巧的是，我应聘的时候还有一位大叔跟我一起，最后我们俩都成功了。可能老板觉得我年纪小，各种经验不够，就把我安排在郊区大仓库喂蚊子，而大叔待在门店，当时我也很不爽但又没办法。过了十来天，有一次我随车到门店点数的时候发现老板在大发雷霆，原来是店里事太多，很多数据要处理，但是店里又只有一个文员，根本忙不过来。我一看，主要就是把业务数据用电脑做成表格之类的，于是我毛遂自荐。老板同意后，我替他把数据逐一整理，毕竟两个人比一个人快，没过两个小时，问题就解决了。而门店的仓管大叔可能对这方面不是很在行，没能帮上太多忙，结果是，过了两天，老板就让我和大叔互相交换了工作岗位。所以，我的意思当然不是说不要学好专业技能，而是除此之外的一些必需技能，比如沟通、办公处理甚至于驾驶，我们要尽可能多学习，懂得比别人多一点，你的待遇就比别人好一点。

第二，树立正确的职业观，吃得苦中苦，方为人上人。我们中大多数人在进入工作岗位之前多少会对工作环境和工作内容有一个憧憬或者想象，我聘上仓库保管员之后就以为每天管理货物进出，做做登记什么的，结果，我深刻地体会到什么叫作：理想丰满，现实骨感。上面说到我被调到门店之后，换了一个好一点的工作岗位，其实，真正的考验才刚刚开始。第二天老板开始叫我搞卫生；之后吩咐我每天要帮他烧一壶开水，泡茶、洗茶杯；又过了几天把钥匙给了我，要我每天早上开门，晚上锁门；最后，一项神圣的任务交到了我手上：每天早上去菜市场买菜！我明明记得一开始我是仓库保管员来着，最后我成了"月嫂"。我再一次地不爽了，怎么说我也是个大学生，你就让我给你干这些事？于是我就有一些不乐意，做事没干劲。有一天老板把我叫到外面，当着我的面把脏兮兮的茶杯擦得干干净净，然后对我说："如果一个大学生连茶杯都不会洗，我聘你做什么？"我恍然大悟，工作没有等级之分，待遇好又轻松的工作每个人都想要，但是连杯子都洗不干净，我凭什么去获得好工作？理想和现实之间是有一段距离的，我们应该要像校风校训所说的，明德崇技，自强不息，先学做人，再学做事，脚踏实地，从零做起，才能走到梦想的彼岸！

第三，安全第一。大家往往容易忽略的一点，就是自身的安全，实践也好，赚钱也罢，身体才是革命的本钱。工作中会有各种各样的突发情况发生，我们在学会妥善处理的同时，一定要保证安全。财产安全也同样要注意，每年总有一些报道，假期工辛辛苦苦赚的钱丢了或者被骗了之类的，获得经验的方式有很多种，没必要让小偷和骗子来教我们。找工作的时候也一定要注意，招工广告、中介机构琳琅满目，一定要仔细辨别，询问清楚，看清合同，不随意缴纳费用，适应社会也是一种实践！

一转眼我的大学时光就快结束，即将面对实习，不过，我已经做好准备了。邓小平同志说过，实践是检验真理的唯一标准。我相信自己的假期实践能为我以后的工作带来帮助和信心，也希望学弟学妹们能好好珍惜大学时光，在这短暂珍贵的时间里，填补青春所有的遗憾，给未来一个最好的起跑。

大学生社会实践报告范例（五）

报告题目："艰辛知人生，实践长才干"

报告正文：

每个人都会有很多第一次，第一次打暑假工，第一次真正地踏入社会，而今年的夏天，给了我太多的第一次，人生也是从无数个第一次开始的，我真心珍惜这一次给我的锻炼、这一次的感动，让我体会了很多，懂得了很多，也学会了很多。

回想那段日子，仿佛在昨天。那天带着有些害怕和胆怯，我迈出了第一步，开始在我们当地找工作。虽然暑假天气很热，但我还是去饮料店、服装店、小饭店一家一家上门去问是否需要暑假工。虽然这些店都需要全职的，但我还是没有失去信心，相信会找到工作的。当我看到"正宜家餐馆"在招聘员工时，很高兴上前看了一下招聘资料，资料都蛮符合我的，我带着激动和高兴去应聘了，我就这样找到了我人生的第一份工作——餐馆服务员。当天我为自己买了一份礼物来庆祝自己找到了第一份工作。

在以后的工作中，我认识了好多朋友，她们基本上和我差不多大，有些甚至比我小多了。在和她们谈话中，我觉得她们好懂事，有的因为家里困难而没有读书，有的为了让弟弟、妹妹能接受教育，放弃了自己追求学业的可能。与此同时，我也想到了自己，觉得自己好幸福，能充分享受大学生活，不用想太多的事情。我真的很感谢父母从小对我的教育和培养，我要懂得珍惜和感恩。

在这家餐馆中我学到了：不管做什么事都要认真对待，态度端正，要有吃苦和坚持不懈的精神，这样才能把事情做好。那时我们8点准时上班，要穿好工作服。刚开始工作的我还蛮有热情的，总是早早地就到了餐馆做好自己应该做的事。看似容易，做起来却蛮难的，这餐饮业还有许多细节和规范。例如擦一张饭桌，看似擦一下就好了，其实是很有讲究的。清理饭桌需要三次，第一次放消毒液擦，第二次用清水洗，第三次再用清水洗一遍，这样才算干净。每天早上我和我的姐妹们就站在每间用餐室的门口，待客人来了就去上菜。上菜也有规矩，首先上的是汤菜，随后是荤菜、小菜、清淡蔬菜，最后上甜点。这样的上菜顺序不仅有利于营养的合理吸收，而且有利于身体健康。待客人走了我们必须把用餐室打扫干净，并且清理一遍。之后我们就要去洗碗室擦碗。面对脏脏的碗，先用消毒液擦，再用热水洗净，然后用冷水静泡5到10分钟，最后把碗要整整齐齐地放入橱柜里。就这样第一天过去了，我没感觉到累和不适应，反倒感觉还不错。

然而在接下来的日子里，我每天工作完了就感觉好累，感觉全身酸痛，体力透支，一回到家里就躺下睡着了。

这样的日子每天都重复着，我开始厌倦了，但我还是坚持着，毕竟选择了这份工作就要把它好好地干完。我重新端正了我的工作态度，认真对待我应该做的每一件事。每天工作完后我会和我的姐妹们交流一下，听取一下她们对这份工作的态度和感想，还有自己对未来的打算。她们接受的教育太少，自身的文化知识也欠缺，所以她们对未来欠缺思考和憧憬，只想当下自己的工作。当时的我有很多感触，心情也很复杂，但终究下定决心要把这份工作做完，觉得吃苦也是一种锻炼。两个月下来，当我称体重时，竟发现我瘦了8斤，我真的被自己吓到了。而当我领到工资时，感觉很沉重，感觉这钱来之不易，更感觉到了父母挣钱的不容易。在以后的生活中我应该要有计划地用钱，做到该花的花，不该花的绝对不花。

总之，这短短将近两个月的暑假工，让我认识到了知识的重要性，体会到体力活和脑力活的区别，也体会到了"知识决定命运"的真正含义。我也懂得了，没有知识就只能干简单的体力活，并且在工作中素质方面也会表现出与别人的差距，真是艰辛知人生，实践长才干啊。所以经过这次锻炼，我更珍惜现在的学生生活，更懂得要去学习更多的文化知识，或许现在还没有感觉到它的作用，但是在以后的工作中它一定会立竿见影的。

大学生社会实践报告范例（六）

报告题目： 我的暑期实践

报告正文：

每年的暑假我都找工作，有的暑假如果没有找到工作便回到家中帮父亲干活。今年这个暑假我去了珠海，在姐姐租的房中住。我并没有特意选跟自己专业对口的工作，但是，无非就是电子厂比较多，所以找的工作依旧与自己的专业对口了。在此次实践过程中我学到了一些书中学不到的知识，我对现今社会有了不少了解，开阔了视野。我在一家电子厂中组装，后来电子厂中某些岗位没有货可以做了，我便被调到别的岗位。厂里有手工、半自动、全自动的一系列岗位，最初我是在半自动岗位给电子产品测一些关于点的问题，刚开始时总是出现问题，后来便越做越好。之后，我被调到全自动组装的岗位，最开始时的大问题便是经常机器卡料，自己还不是很会处理，这时老员工便来教我，我慢慢学会处理这些问题。

刚刚到工厂，我就被吓了一跳。老员工说，来做暑假工的人不少，后来不做了的也不少，我当时就想这个活究竟有多累？我能干多久呢？我能坚持吗？我便怀着疑问上了第一天班。当时感觉挺好，也没感到多累，可当我下班之后，洗完澡躺在床上才感到原来是非常累。但是，既然来了，就要坚持到最后！事实呢，我不仅坚持到了最后，而且不管我在哪个岗位中学习倒也还算不差。每个岗位我都非常用心地去做，最后，每个岗位的班长都挺喜欢我，说我干得还不错，比有的老员工还好一些。在全自动的岗位时我还受到了经理的夸奖，说我在工作中做得好，而且手还利索，让其他人都向我学习，要是员工都像我这样，厂子还好不了吗？

最后我介绍一下车间工作环境和上班经过。每天7点30分起床，洗漱后吃早餐，8点10分前打卡上班，与学校相似。8点10分之前打卡并未开始上班而是在外面各自的岗位队伍中，等待班长开会，总结昨日的情况和今天的目标或是给某位客户赶工，还有每天必须强调的7S，就是卫生方面有7点要求我们做好，讲完便让我们上去干活。我工作的地方在二楼，这个厂里除了我说的那几个岗位还有一楼跟三楼别的岗位，我也很清楚。每一次解散上去，进去刚掀开门帘就有一股刺鼻的味道传来，进去后便适应了。进去第一眼看到的是绿色的地板，还贴有黄线，之后便能看到一排排的岗位桌，先是手工区再到半自动区，再进去便是全自动区——排列有序的无尘车间。上班必须穿厂里特定的拖鞋与工作服，戴上帽子，工作中必须戴好手套防止静电，手套的作用很大。

打工的生活是酸甜苦辣咸五味俱全，有欢乐、有痛苦，但是我的收获是巨大的。我对现实有了更深的理解，也从工作中学习到了人际交往和待人处事的小技巧，在人与人的交往中，我能看到自身的价值。

在最后领到工资时，我觉得这些都是值得的，都是我赚来的。因为家中并不富裕，父亲在家中干农活又没有收入，最后我便把工资存好在学校时使用。为家中分担一点的开支，这是我最开心的。这个寒假我还想去找工作，毕竟家中并不富裕嘛，想为家里父母等多分担一些。

工作后最大的收获就是：公司给你发多少钱，要看你能为公司赚来多少钱，只有努力干活，才能多拿工资，才能学到更多技术，才能上升、成功。现实的社会又告诉我：我必须好好学习！

大学生社会实践报告范例（七）

报告题目：广东江门海信产业园工学交替社会实践报告

报告正文：

我的工学交替社会实践主要分为两部分：一是在室内进行培训，了解海信的发展史以及规章制度，学习安全知识；二是到车间亲自操作练习。

1. 安全教育

在实习期间,我们参观了海信制造部的生产车间,了解了空调主板的生产原理以及生产过程,在此期间,海信集团培训员给我们上了安全知识教育课,讲解了安全问题的重要性及在实习中所遇到的危险等,并进行了考试。海信集团安全生产宗旨是安全第一、预防为主,以下是注意事项:

(1)进入产线后要做到不能嬉戏打闹。

(2)所有人员(包括仓库人员)在 EPA 区域必须穿防静电衣,戴防静电帽,穿防静电鞋。防静电衣必须拉好拉链,拉到距离领子 10 厘米以内的高度;衣袖不能卷起,里面衣物不外露;长头发必须藏在防静电帽里,外露不能超过肩部,手碰的时候必须戴好防静电手套。

(3)进入车间区须通过闸机,并且检测合格方进入,禁止从侧门跨越。所有人员都要求会操作人体静电综合测试仪(闸机),审查时会抽查员工演示。

(4)所有配静电手环人员必须戴静电环,并且要求每天检测静电手环,知道判断静电环是否合格,审查时会抽查演示。

(5)每天上下班会议制度要求员工必须提前 15 分钟达到开地点等待开会。

(6)每天下班前 10 分钟必须把自己的工作区域的卫生打扫干净。

(7)必须提前请假,并以书面的形式请假,经领导签字才能生效。

2. 车间实习

海信制造二部三楼是由几十条插件流水线、数十台 AI 插件机器和 5 条 SMT 生产线组成的,一条完整的 SMT 生产线是由印刷机、SMT 贴片机、烤炉、AOI 组成的。

我于前年 3 月 9 日参加学校组织的去广东江门海信产业园进行为期三个月的工学交替,经两天安全知识教育,于 12 日正式进入产线,和我们班另外一个同学在机器旁工作。由于人员设置成一人白班一人夜班,于是我选择了夜班。每天上班前须提前到场与对班交接,清点好料,交接完以后到指定的地点等待班长来开班前会议。安排生产的领导会给我们每条线拿来一张生产计划,我们根据计划排产,提前去芯片房领芯片或者程序料,对应设备程序进行生产,看节拍是否和计划上一致。贴片吸头多次吸不上芯片或者程序料就会报警,我们还要学会设备报警的处理方法。由于 SMT 生产线 2 线的小哥实习结束了,班长便让我接手了 SMT 生产线 2 线,让 1 线工龄较长的甘国辉师父带我,我负责 SMT 的贴片工作。

上岗第一天,师父让我去料盘旁边记住料的所在位置(以便后面上岗可以迅速找到相应的料)以及相应的数值(电阻、电流、电压,以防料不够的时候可以用电流、电压相同，电阻小的料来替代）。后半夜师父便让我上手了，教我如何把料盘安装到机器上，如何接料。后来师父让我直接去找他下一批生产的产品需要的料，找了好久好久，最后还是有几个没有找到。旁边登记空料盘的小哥看不下去了，可是他也不熟悉帮不了我，他就找其他线的小哥帮我找，那个小哥听到料的编码就立即走到那个料旁拿下来给我。就这样终于找齐了所有的料，这对于一个新手来说是十分不易的事情。

第二天便让我独自看线了。由于不熟悉料盘的位置，所以每天换产的时候是我最忙的时候，我经常会去寻求班长的帮助，师父也会过来帮我。有些没有的料就要找相应的料代替，但不能中途替换，换产前我会把闲置的机器上安装上需要用的料，这样就可以大大缩短换产时间。把对应的料按照程序表上放好，去找工艺换电脑里的程序，与QC对料以防出错，有问题不能解决就去找工艺调整机器数据。空调主板一般是锡膏板，显示板一般是红胶板，通过印刷机流入SMT贴片机，贴片完成后会通过传送带进入高温烤炉烤干，再经过AOI的检测看是否有不合格的主板（不合格原因：错料、少料、偏移量过大），不合格的产品将会交给维修人员返修，不合格过多就需要叫工艺调整机器。

最让我难忘的事情是一次夜班的时候，由于正在生产的主板和下一批要生产的主板（只有25台）的板料是一样的，芯片也长得一样，我就误以为都是一样的，没有仔细看芯片旁边的小标签，就把芯片混在了一起；后来还是印刷小哥来问我有没有把下一批的芯片拿来，他需要去打印标签，才发现芯片不一样。发现自己做错事情了，我就去找班长，跟班长说明了情况，班长对我也没有过多的责罚，就带着我一起去了芯片房测芯片，直到快要下班还有两台没有找到，估计是流到流水线去了。我还是按时下班，晚上上班的时候，流水线的线长拿来了两台主板找班长，拿去测了一下，是未找到的那两台。经过这件事情以后，我变得细心了，上班前把所有的料都核对清楚再开始工作。

由于一些特殊原因我只工学交替了近两个月，我的工学交替社会实践就这样结束了，我获得了班长以及同事的一致好评。

三、大学生社会实践活动及报告撰写训练

（一）学分设置

根据中共中央、国务院《关于进一步加强和改进大学生思想政治教育的意见》文件

精神，大学生社会实践是大学生在校期间必须参加的实践教学环节。为了抓好学生的社会实践活动，提高学生的社会实践兴趣，各高校设置1.0学分，作为大学生社会实践学分。

（二）社会实践活动及报告撰写

1. 选择社会实践形式

社会实践的形式可以多样化，既可以理论结合实际，围绕相关问题进行社会调查，也可以深入社会开展勤工俭学、参观爱国主义基地等社会实践活动。

2. 确定社会实践主题

学生可根据自己的兴趣、爱好、能力，自行选择一项，作为社会实践对象，开展社会实践活动。社会调查最好是以一个团队为对象，社会实践必须是一次完整的活动过程。

3. 加强资料收集与整理工作

在社会实践过程中，用手机或相机对社会实践过程进行拍照、录像。

4. 认真撰写《大学生社会实践报告》

撰写社会实践报告时要实事求是，不夸张、不隐瞒实情，如实将社会实践情况写出来，注意突出重点，不必面面俱到。报告不能抄袭，内容不能雷同。

（三）社会实践活动注意事项

在社会实践活动中，要特别注意自己的安全，遵守国家的法律和学校的纪律，杜绝有损学校声誉和大学生形象的事件发生，以良好的形象，展示大学生的风采。

第六章　大学生社会实践考核

一、构建大学生社会实践考核体系的重要性

建立一套可操作性强而又合理的大学生社会实践考核体系，既可以验证大学生社会实践模式的有效性，也可以对大学生社会实践进行规范、效果评价、监督与量化考核。

1. 有利于验证大学生社会实践模式有效性

一个模式是否有效，主要看其实施后的效果，而在社会实践考核指标体系中，实践效果是其中的一个重要内容。通过构建大学生社会实践考核指标体系，对大学生社会实践模式效果进行量化评价，从而验证大学生社会实践模式的有效性，不断改进、完善模式。

2. 有利于实现大学生社会实践规范化

建立一套科学合理的大学生社会实践考核体系，对规范大学生社会实践管理具有非常重要的意义。通过对大学生社会实践进行科学考核，发现其实施过程中存在哪些不足，并进一步加强管理及建设，才能把大学生社会实践引入规范化、制度化的轨道，从而使大学生社会实践可持续地发展下去。

3. 有利于提高大学生社会实践效果

大学生社会实践考核体系具有举足轻重的作用，作为反馈环节，它的有效性直接关系到大学生社会实践的质量。大学生社会实践测评是个难点，制定出切实可行的大学生社会实践考核指标体系，才能对其效果进行考核，使实践效果不断得到提高。

4. 有利于加强对大学生社会实践监督

考核体系是大学生社会实践的监督环节，这一环节如果缺失，或者考评不科学，那么社会实践同样会走过场、流于形式。大学生社会实践的目标是否实现、效果如何必须要有一个考核结果，这是监督、改进、完善大学生社会实践的需要。而构建大学生社会实践考核体系也是对教师的教学和学生的实践最有力的督导。

二、构建大学生社会实践考核体系的原则

1. 科学性原则

构建大学生社会实践考核体系应遵循科学性原则。从指标的选取到最终考核结果，都应该是符合客观实际的、科学的，要防止考核随意性、偶然性、主观性。用真实又可靠的第一手数据材料作为依据进行考核，力求全面、客观地反映大学生社会实践状况，形成相对真实和公正的考核，来检验大学生社会实践的效果。

2. 系统性原则

构建大学生社会实践考核体系应遵循系统性原则。大学生社会实践由多个环节、多种因素构成，只有系统地全面地考察社会实践的各个要素，使影响社会实践质量的各因素、教学过程各环节紧密联系，才能形成有机整体。因此，大学生社会实践指标体系中，设计的指标既要全面，各个指标之间还应具有逻辑关系，而不是指标的罗列。

3. 可操作性原则

构建大学生社会实践考核体系应遵循可操作性原则。大学生社会实践考核指标体系在实际操作中要易于使用，便于实施，指标选取要合理，指标数据易于采集和获取，否则就是空谈，无法应用。

4. 导向性原则

构建大学生社会实践考核体系应遵循导向性原则。在制定考核指标体系时，要突出对社会实践效果的考察，而社会实践最终效果如何是通过学生体现出来的，所以要注重考评学生在知识、能力、素质的提高及情感的丰富等方面，即社会实践目标的实现程度；还要注重考评对社会实践的保障、规范和对教师、学生的测评，目的是引起学校、教师、学生三方对社会实践的高度重视，把社会实践引向深入。

5. 动态性原则

构建大学生社会实践考核体系应遵循动态性原则。大学生社会实践是不断发展的，影响社会实践及其效果的各种因素也是不断变化的，因而相应的考核指标体系也要改进，以保证对社会实践评价的准确性和质量的不断提高。

三、大学生社会实践考核细则

为进一步促进大学生社会实践工作，推动学生社会实践经历，加强学生社会实践活动管理，特制定本细则。

（一）大学生社会实践考核办法

1. 实行学生社会实践学分化制度

社会实践学分设置 1.0 学分，所有在校的学生必须参加社会实践，否则本学年的思想政治理论课必须重修。

2. 大学生社会实践考核依据

大学生社会实践考核依据主要是学生社会实践报告。

3. 大学生社会实践考核等级划分

学生社会实践分为优秀、良好、及格与不及格四个等级，其中，优秀人数一般占参加考核学生总数的 25%。

（1）学生社会实践考核优秀（90~100 分）的基本条件：社会实践报告结构完整，社会实践活动方案清楚，社会实践过程有成果图片，能对社会实践内容进行全面、系统总结，并能运用学过的理论对某些问题加以分析。

（2）学生社会实践考核良好（76~89 分）的基本条件：社会实践报告结构较完整，社会实践活动方案比较清楚，社会实践过程有成果图片，能对社会实践内容进行比较全面的总结。

（3）学生社会实践考核及格（60~75 分）的基本条件：能对社会实践内容进行总结，无弄虚作假现象存在。

（4）学生社会实践考核不及格（60 分以下）的基本条件：有下列情况中的任何一项者，社会实践考核成绩为不及格。一是指导教师评价为不合格；二是严重违反校纪校规和有关法律规定，有损于学校形象者；三是不按时上交社会实践报告；四是社会实践报告（调研报告）存在抄袭、代写、套用他人成果，伪造资料等；五是所写社会实践报告（调研报告）结构混乱、内容空洞、错误明显者。

（二）大学生社会实践考核的组织实施

（1）全校学生社会实践工作由学校思政部管理，由思政教研室具体组织实施。

（2）思想道德修养与法律基础课设社会实践 12 学时，毛泽东思想和中国特色社会主义理论体系概论课设社会实践 16 学时。

（3）社会实践包含课内教学与课外实践两个部分。其中，课内教学每学年 2 个学时，用于讲授社会实践理论方法、进行实践报告撰写指导、规划设计年度社会实践经历、交流考核年度社会实践活动；课外实践每学年 10~14 个学时。

（4）学生参加社会实践活动有个人分散活动和参加团队活动两种途径。其中，团队活动是指以学院、班级、党团支部、学生组织、学生社团等集体形式进行组织，参与人数在 5 人及以上的社会实践活动。团队可以由某个二级学院、本年级、本班级的学生组成，也可以由不同二级学院、不同年级、不同班级的学生组成。团队活动以各级各类学生实践基地等为主要依托，按照项目化运作模式，按需设项，按项组团，配备指导教师，集中组织开展。

（5）学生要合理规划个人社会实践活动。根据学校总体要求和学院具体安排，在指导教师的指导下，每学期集中时间，相对固定地进行一项社会实践活动。

（6）各思政课专职教师要坚持"公平、公正、公开"的原则进行学生社会实践活动考核和成绩认定。

（7）各思政课专职教师要加强学生参与、组织社会实践活动的安全教育，并制定好相关预案，切实保障学生的人身和财产安全。同时要教育学生端正社会实践态度。态度是人控制自己并伴有一定情感的对待人、己、事的特定方式。社会实践态度是学生对待本实践活动的特定方式，具体体现为积极参加社会实践，工作态度好。教育学生要遵守社会实践纪律。社会实践纪律起到约束参加实践活动的学生的目的，没有规矩，不成方圆。在参加社会实践的过程中学生要学会规约自己的行为，不做违反社会实践纪律的事情。

（三）大学生社会实践考核其他相关要求

（1）以学年为单位制订学生社会实践工作计划，对各学院学生社会实践工作进行总结考核与评比表彰。

（2）当学年考核优秀的学生方可参加当学年与社会实践活动相关的各类评比表彰

（优秀社会实践报告评比不受此限制）。

四、大学生社会实践考核应用

1. 把大学生社会实践成绩纳入学生思想政治理论课成绩系统

思想政治理论课平时成绩主要是根据课堂考勤、课堂表现、撰写社会实践报告、作业等方面来考核，其中撰写社会实践报告占平时成绩的20%。

2. 把大学生社会实践成绩作为社会实践先进个人评选依据

社会实践考核优秀的学生方可参加学校社会实践先进个人评选等各类评比表彰活动。

3. 把大学生社会实践成绩作为推荐参与各类社会实践评选活动的依据

对社会实践考核特别优秀的学生可推荐参加省级和国家级相关奖项的评选。

第七章 大学生社会实践成果推广

一、大学生实践经验交流

实行大学生社会实践经验交流活动,主要目的有两个:一是创造一个平台,让同学们交流各自社会实践活动的经历、收获和体会,更好地提高社会实践的积极性和主动性,更快地认识社会和适应社会;二是为大一新生提供一个学习社会实践理论知识的平台,了解一些关于社会实践活动的知识和注意事项,增加新生对社会实践活动的了解和认识,鼓励他们积极参加社会实践活动,让他们有一个积极的心态去面对未来,为以后的就业创业打下坚实的基础。大学生实践经验交流主要包括以下内容:

(一)大学生社会实践活动经验交流主题演讲

(1)教师对学生的社会实践报告本批改情况作一个简单的小结,并且把社会实践活动经验交流主题演讲的要求告诉学生:

① 演讲内容:假期社会实践的经历、体会和收获。重点是体会和收获。

② 演讲时间:每个学生上台演讲时间为3~5分钟。

③ 演讲程式:每个学生演讲完成后,其他学生可以向他当场提问,演讲学生必须回答其他学生的问题。

④ 演讲注意的问题:声音要洪亮,语言要精练,重点要突出。

(2)学生依次上台演讲。

(3)教师对演讲学生的发言进行点评和总结,并根据学生的表现给出演讲的成绩,作为将来社会实践活动考核成绩的依据。

(4)第二节下课前10分钟左右,教师进行总体发言,主要总结本次课学生的总体发言情况,肯定成绩,提出希望。

(二)大学生社会实践活动经验交流总结提炼

根据学生的假期社会实践报告本的写作情况及发言情况,每个班推出1~2个学生参加学校的社会实践交流会,并将他们的社会实践报告本上交到思政部,撰写成年度大学生优秀社会实践汇编。

（三）举办大学生社会实践报告会暨总结表彰大会

推选一批社会实践优秀学生向大一新生宣讲自己的社会实践经验，并对社会实践优秀学生和指导教师进行总结表彰。

>> 拓展阅读

大学生思想政治理论课实践经验交流集锦

周晶晶： 经过了半天的社区义务维修活动，我收获到了很多，也体会到了很多，学习到了很多。比如在小区向住户宣传活动的时候，让我学会了如何与人沟通交流，怎样宣传才会比较好，增强了我的语言表达能力。维修电器的时候，因为我在维修电器这方面没有经验，楼宇协会、机电一体化协会、电子协会的几个男生就负责维修，我站在旁边看着他们维修时专注的样子感触颇深，觉得他们特别厉害，特别佩服他们，他们真正做到了"学以致用"，也让我明白出门在外还是得需要一门实用的技术活，旁边围观的那些爷爷奶奶表扬我们的时候心里不由得有一种幸福感和满足感。

贺羽婷： 假期兼职，虽然时间不长，但是收获颇多。首先过去应聘，任何一个岗位都是要看能力的。2020 年由于疫情的影响，迟迟没有开学，利用假期时间，我做了兼职，应聘了超市的收银员。开始是三天的适应时间，了解收银机的操作，相当于实习，领导也会根据实际情况考虑是否招聘，经过三天的熟悉以后我留下来了，坚持了将近三个月。超市的兼职生活让我学到了如何与人交往，学会了商品的销售，并且要找到能够让顾客心动的方法，来更好地推销商品，就比如以后应聘面试，我们也会要推销自己。然后在兼职中也认识到了许多朋友，虽然时间不长，但我领悟颇多，有些东西可以让我受益终身。

刘朝敏： 在这次的工作中感受挺多，明白了工作的不容易和艰辛，也了解和体会到爸爸妈妈工作的艰辛，让自己明白应该好好珍惜学习的机会与时间。从这次的实践中，我知道我们不能只会死读书而不懂得亲身实践，社会不需要只会读书而不会灵活运用知识到实践生活中的人，我们不能做这样的人。虽然这次社会实践是在饭店里帮忙端盘端菜，貌似没什么知识收获，但在里面学到的东西却是很多的，且十分有价值与有意义。没有什么是一蹴而就的，也没有什么是不劳而获的，正所谓"一分耕耘，一分收获"。

熊超：虽然这次的实践只有一段时间，而且从事的是比较简单的服务业，但是通过与各种各样的人接触，还是让我学会了很多道理。首先就是明白了守时的重要性。工作和上学是两种完全不一样的概念，上学时迟到只是老师的责怪和内心的不安，而当你走上工作岗位，那里更多的是由于自我内心的一种职责感，这种职责使我克服自我的惰性，准时赶到自己的岗位，这对我以后的学习生活也是一种鞭策，时刻牢记自我的职责，并努力加强自我的时间观念。其次让我真实地体会到了合作的重要性。我工作的单位是一家超市，从仓库到货架都是有明确分工的，只有这样才能使整家店的工作效率大大提高。以前在书上看见了很多关于团队合作的例子，但这一次是真正深刻地体会到了，正所谓"众人拾柴火焰高"。

李明：在这一次的志愿服务中，我通过亲身实践，体会到了社区工作者们的辛苦。人口普查是一项工作量巨大的事情，不仅需要工作者上门与居民交流，填写人员信息采集表，还需要将这些信息一一手动录入系统，但是湘瑞社区常住人口近14000人，划分为六个普查区，仅有14位社区工作人员。我们学院在了解了这一情况后，立即招募了150名志愿者，而我便是其中的一员。在我之前有一批志愿者所负责的工作是上门入户登记信息，而我这一批是负责将居民信息录入人口普查系统，相比之下，他们付出了更多，也更为辛苦。而我通过本次实践锻炼，也意识到自己工作和生活中不够细心，因为我所填报的83户人家中出现了一些错误，好在后续工作人员核对时进行了更改，保证了居民信息的正确性。

彭思遥：回想这次工作，我学到了很多，从我接触的每个人身上学到了很多社会经验，自己的能力也得到了提高，而这些是在学校里学不到的。在社会上要善于与别人沟通是需要长期的练习的。以前没有工作的机会，使我与别人对话时不会应变，会使谈话时有冷场，这是非常尴尬的。人在社会中都会融入社会这个团体中，人与人之间合力去做事，才能使做事的过程中更加融洽，事半功倍。别人给你的意见，你要听取并且虚心地接受。在工作中还要自信。自信不是麻木的自夸，而是对自己的能力做出肯定。社会经验缺乏、学历不足等种种原因会使自己缺乏自信。其实有谁一生下来就什么都会的？只要有自信，就能克服心理障碍，一切就变得容易解决了。这次亲身体验工作让我有了深刻感触，这不仅是一次工作实践，更是我的一次人生经历，是一生中宝贵的财富。在今后我会更加努力地生活，在学校更加努力地学习，积极参加活动，提升自我，使自己更加优秀！

（来源：湖南机电职业技术学院学生优秀社会实践发言，2020年11月30日）

二、大学生社会实践成果网络推广

为了扩大大学生社会实践影响,各个高校可通过学校官网、官微、中国大学生社会实践网、中国青年网等各种网络平台进行网络推广,以获得较好的社会影响力和社会美誉度。

1. 利用学校官网进行推广

通过学校官网发布大学生社会实践成果,让学生了解大学生社会实践的重要性,扩大大学生社会实践的影响力。

>> 拓展阅读

"五力"推动乡村振兴　学院开展暑期"三下乡"活动

为进一步引导青年学子走出校门、接触社会、了解国情,使当代大学生在社会劳动实践中受教育、长才干、做贡献,提升精神境界,培养一批有理想、有担当、有作为的青年优秀骨干,学院团委将乡村振兴走访调研作为此次"三下乡"的切入点,以社会调查、红色故事宣讲、红色文化挖掘、防溺水教育宣传、特殊群体关爱等方面为主线,于7月15日在怀化市沅陵县二酉苗族乡四方溪村开展为期一周的暑期"三下乡"社会实践活动。

"有形墙绘"凸显大学生创新力

为了给村庄注入新活力,学院"三下乡"服务团队以"培育文明新风,构建和谐农村"为主题,计划利用5天时间为村庄义务画墙绘,由工业设计专业教师宋洋、余拓带领学生在村中进行墙绘教学实践,用画笔装点村容村貌,展示乡风文明,助力乡村振兴。墙绘内容分别以苗族文化、中国共产党百年华诞为主题,通过两幅墙绘来表达"新农村建设"的核心内涵。每幅墙绘都有对应设计的故事与主题,与当地风物结合,采取渐变色调展现苗族风情更迭。作为弘扬文明的文化载体,以图画等形式,传播社会主义核心价值观、社会公德等内容,精心打造图文并茂、群众喜闻乐见的"文化墙"。每天傍晚,由具备舞蹈特长的学生在村中进行广场舞教学。

"有声宣讲"展现大学生影响力

为庆祝建党100周年,讲好红色故事,传承红色基因。同学们通过理论宣讲与情景表演相结合的方式,使党史学习入人心,红色课堂生动活泼、充满趣味性。对建党100年来的重大事件、成果进行有声有色的歌颂,这不仅展示了学院思政育人成果,也展现了新时代青年大学生的新风貌。

"深挖细掘"重点打造红色教育资源

师生们通过初步调研,挖掘当地红色文化,走访调研农村党务工作者、村民、老党员,在深度挖掘老党员故事、树立先进典型的同时,撰写红色文化调研报告,为同类型的农村基层组织建设提供参考和借鉴。结合四方溪村实际情况,制定细致的放映方案,每天组织观看一场红色电影,借此丰富村民的文化生活。通过新、老电影相结合的方式,吸引不同的群体,获得更好的宣教效果。借助红色电影,将抗日战争、解放战争、抗美援朝时期的战斗史更加生动形象地呈现在村民眼前,让村民深刻地认识到党为国家、为人民作出的牺牲,感受到革命前辈们无私奉献、勇于拼搏、敢于斗争的精神。

"实地调研"彰显大学生亲和力

"乡村要振兴,就要寻根于农业、扎根于农村、生根于农民,多维度提升农村发展的综合实力。"师生们通过每天的走访调研,切实体会到当地乡情,在与村民的沟通交流中也更加深刻体会到乡村的发展变化。此次暑期"三下乡"活动,30名师生对一百余户居民进行分组走访调研,通过调查问卷的形式交流信息,并对信息进行整理分析,深刻理解了党的十九大和中央农村工作会议提出的全面实施乡村振兴战略的含义。机电学子积极发挥年轻力量,助力乡村振兴,在实践中深入领会新制度、新思想,通过身体力行的劳动得到历练、有所成长。

"电器维修"突出大学生技能综合力

同学们还利用自己在学校学习到的专业知识,志愿为村民维修故障电器,在指导老师宋洋的带领下,学生在村部开设电器维修点,为村民检测维修故障电器数十件。维修小组的成员,在接过登记后的家电后就开始仔细检查机器所出故障,分析问题所在,"对症下药",用自己过硬的专业技术给每一件受损电器"把脉",进行维修。并且耐心地为当地居民讲授家电使用的小窍门及安全用电常识,温馨提醒他们天气炎热,电量超额负载容易引起火灾,一定要注意安全用电。

此次大学生"三下乡"志愿服务活动让志愿者们真正走进群众、了解群众、服务群众,充分发挥同学们的专业知识，对自己所学知识有了更深的理解和感悟，有利于增强他们的社会责任感，充分彰显蓬勃有爱的社会氛围。

（来源：湖南机电职业技术学院官网，2021年7月26日，《"五力"推动乡村振兴 学院开展暑期"三下乡"活动》，http://www.hnjdzy.net/contents/177/11349.html）

2. 利用学校官微进行推广

为有效推广大学生思想政治理论课社会实践成果，提升网络宣传效果，各个高校通过官方微信公众平台发布大学生社会实践成果。通过官方微信平台，既可以展示图文并茂的学生社会实践即时活动动态、感人故事，又可以呈现学生深刻的社会实践心得体会、互动交流，还可以上传学生优秀的活动成果分享、经验推广，进一步提高学生社会实践的影响力。

3. 利用中国大学生社会实践网、中国青年网等主流网络平台进行推广

高校可定期向中国大学生社会实践网、中国青年网等主流网络平台投送大学生社会实践活动新闻、报告、经验交流课件等资料，以提高大学生社会实践的影响力。

》》拓展阅读

邻里守望志愿行：记录温暖亲情 行动抚慰人心

随着湖南机电职业技术学院经济贸易学院（二级院系）"四季同行·雷锋家乡学雷锋"志愿服务活动的开展，苏萌同学再一次走进大家视野，在这之前这位同学还免费为舍友拍摄三千张写真，被大家称为"神仙室友"。

"回家后，我看到了村中空巢老人和留守儿童在年前的翘首以盼，就一直想要为大家做点什么，直到在班级群中看到了学院发起的活动，不由得心里猛然一颤，那就拍张全家福吧，为电话两头互相牵挂的人们送去祝福。"苏萌同学说道。从2021年1月24日起，苏萌同学已经免费为同村42户人家拍摄了全家福。每每到了晚饭时间，苏萌同学就背上相机来到事先预约好的村民家里，迎着夕阳为他们记录下这一年、一天里难得的相聚时刻。苏萌同学表示，"傍晚的时候拍摄照片很考验技术，许多因素都影响着全家福的质量，但往往只有傍晚时分，乡亲们才能趁着晚餐时间得以团聚。"随着拍摄的持续进行，苏萌同学为了打印照片，开始不厌其烦地在乡间与镇上来回跑。当一张张洗好的全家福送到乡亲们的手中时，她也收获了乡亲们的一致好评。

在拍摄的过程中我们了解到，有些家庭因为许多原因一直都没有拍过全家福，特别是一些年过七旬的老人甚至都没想到还能有机会与儿孙合张影。"帮助村民们拍摄全家福对我来说是举手之劳的事，却能带给大家满满当当的幸福，哪怕会辛苦些，我也觉着值。"这是苏萌同学对本次活动的感悟。

时至今日，通过网络传播越来越多的大众知晓这位会拍照、热衷于志愿服务活动的"00后"大学生，从一名"摄影小白"到现在的全校皆知的摄影爱好者，苏萌同学拍过的校园风景、人物写真都为她此次拍摄全家福打下了扎实的基础。同时她作为家乡的记录者，用实际行动关注家乡人、家乡事，记录家乡大大小小的变化，在无形之中为家乡进行了宣传。

"其实这件事是我一直想做的，对我来说这件事情只是举手之劳，但对村民来说，这是他们家庭团聚的幸福美好瞬间，看到他们脸上的笑容，给他们带来快乐和幸福，也是件很有意思的事。"这是苏萌同学参与此次志愿服务的感受。其实苏萌同学只是作为大学生热衷于志愿服务的一个代表，相信在很多地方都有"苏萌"，他们充满朝气，拥有满腔热血立志于为社会主义精神文明建设贡献自己的青春力量，他们勇敢且善良克服种种困难用自身实际行动温暖他人，他们吃苦耐劳乐于奉献以弘扬雷锋精神为宗旨服务社会。随着年数的增长，一大批"00后"新鲜血液投入志愿服务当中，他们的到来也将为共产主义事业添砖加瓦，为实现中国梦而奋斗终身！正所谓"人人皆可成尧舜，人人更可当雷锋"。

（来源：来源：中国青年网，2021年4月4日，《湖南机电职院邻里守望志愿行：记录温暖亲情　行动抚慰人心》，http://sxx.youth.cn/jxqc/202104/t20210402_12826269.htm）

第八章 大学生社会实践
拓展阅读

一、爱国主义教育示范基地

（一）中国共产党第一次全国代表大会会址纪念馆

中国共产党第一次全国代表大会会址纪念馆（现上海市兴业路76号，原望志路106号）是介绍中国共产党诞生史迹的革命旧址纪念馆，建于1952年，由"一大"会议室、中共创建史陈列室和革命史专题临时陈列室3部分组成。"一大"会议室位于兴业路76号底楼，家具与物品均按当年原样陈列。中共创建陈列室有历史文献、文物和照片170余件，陈列内容为中国共产党成立的历史背景、各地共产主义小组的产生及其活动、中国共产党的诞生。

俄国十月革命的胜利、马克思主义的传播、五四运动的发展，为中国共产党的成立做好了准备。1920年秋至1921年春，上海、北京、长沙、济南等地的共产主义小组纷纷成立。1921年7月23日，中国共产党第一次全国代表大会在此举行，出席会议13人，代表全国53名党员。为避开法租界巡捕房注意，最后一天（31日）大会转移到浙江省嘉兴县南湖的一条游船上举行。大会通过了第一个党纲和工作任务决议，选举产生了党的领导机构。

（二）南湖革命纪念馆

嘉兴南湖是中国共产党诞生地、中国革命红船起航地。南湖革命纪念馆成立于1959年10月，馆址设在南湖湖心岛。1985年，邓小平同志为南湖革命纪念馆题写馆名。

进入新世纪，为更好保护、挖掘和利用南湖的红色资源，充分发挥南湖革命纪念馆作为全国爱国主义教育示范基地的作用，决定筹建南湖革命纪念馆新馆。2011年6月30日，中国共产党成立90周年前夕，南湖革命纪念馆新馆落成开放。2018年4月成立红船精神研究院，实行"馆院一体"管理。

南湖革命纪念馆新馆建筑总面积19217平方米，其中展厅面积8000平方米。建筑由"一主两副"呈"工"字形的三幢建筑组成，象征着中国共产党是工人阶级的先锋队。四周有56根檐柱，寓意56个民族紧密团结在党中央的周围；建筑外墙采用大规格青面砖，体现庄重大气的风格，兼具江南水乡韵味。主体建筑背面设有大型宣誓广场，可容纳千人集体宣誓。

南湖革命纪念馆基本陈列《红船起航》主题展览以中国革命红船起航为主题、以党的初心和使命为主线、以党的发展历程为脉络，聚焦中国共产党创建、特别是一大南湖会议，全面阐释一个大党与一条小船的关系，全面展现一百年来，中国共产党在初心使命的砥砺下，带领全国人民取得革命、建设和改革伟大胜利的光辉历史，特别是中国特色社会主义进入新时代取得的根本性变革和历史性成就。基本陈列由"救亡图存""开天辟地""光辉历程""走向复兴"等4个部分、21个单元组成，并设"中共一大代表人生轨迹""中国共产党章程发展历程"两个专题。展陈面积共5600平方米，展线全长921米，设置文物资料1134件、场景（壁式）26处、雕塑6组、绘画作品8幅、多媒体（音视频）41个、图表（地图）41张、图片676张。

（三）新民学会旧址

新民学会旧址房舍始建于清朝末年，1917年，蔡和森及其家人由双峰县迁居于此。邓小平、陈云同志分别为旧址题写"蔡和森故居""新民学会成立会旧址"。新民学会旧址占地约175平方米，坐北朝南，有堂屋、正房、厢房、杂屋等。南边有菜地。整个旧址按原貌布置陈列，有蔡和森的住房和成立会会议房间。纪念馆东向建有辅助陈列室，全面介绍了新民学会存在三年的光辉史迹。

东南有槽门，槽门上悬挂当年房东立的匾额"沩痴寄庐"，向人们展示了那时知识分子身居草庐、心怀天下的壮志情怀。新民学会是五四时期以学生为主体，发起最早的革命社团之一，它是五四运动时期湖南人民反帝反封建斗争的中坚力量，对马克思主义在中国的传播和中国共产党的成立起到了重要作用。

新民学会展厅分为新民学会的建立和宗旨及发展过程、勤工俭学等国外活动、反帝反封建等国内革命活动、为中国共产党建立的准备和成立早期的共产党组织五部分内容。

为了能扩大马克思主义传播，毛泽东、何叔衡等一批新民学会会员骨干分子创办了文化书社。由于当时资金有限，书社只能优先采购和销售马克思主义书刊，并采取一些措施，将书社的阅读机会大大增长。会员们用他们自己力所能及的方式尽量扩大对马克思主义的宣传，让马克思主义在湖南学生中深入人心，为之后的学生运动做好了准备。

正在新民会员们紧张忙碌地宣传新民主义时，军阀对爱国运动和自治运动进行了残酷的镇压，运动失败了，但是却使新民学会会员们明白改良这条道路是没有希望的，只有建立属于自己的政党，用"激烈方法的共产主义"来实现对中国的改造。

新民学会为共产党的建立、中国革命道路的探索等做出了卓越的、开创性的理论贡献和组织准备。1920年8月，赴法勤工俭学的蔡和森在给毛泽东的信中指出：要发展中国革命，"我认为先要组织党——共产党"。他对党的性质、指导思想及建党的步骤等，都做出了比较系统、深刻的阐述。这些主张和理论，得到毛泽东等人的深切赞同。1920年毛泽东在长沙组织了湖南共产主义小组，新民学会中的先进分子是小组主要成员。同年冬，毛泽东筹建了长沙社会主义青年团，新民学会中的许多会员都成为早期的团员。1921年，中国共产党成立后，新民学会74个会员中有31人成为党的早期党员，为中国共产党的创立做好了政治上、思想上、组织上的重要准备。

新民学会会章虽然最终没有将"经纶天地之大经，立天下之大本""向政党发展"等内容写入，可是"改造中国与世界"乃是这组织中许多人的抱负。新民学会会员中的绝大多数，最终成为坚定的马克思主义者，在中国革命中做出了不可磨灭的贡献，如蔡和森、何叔衡、张昆弟等。

正是因为有了新民学会，赴法勤工俭学这种事关青年学子前程的大事也有人出面主持了，"驱张"等这样在湖南历史上有着重重一笔的政治活动也有了主心骨，湖南后来的建党建团活动也就有了思想、干部基础。

>> 拓展阅读

蔡和森与毛泽东的革命友谊

蔡和森与毛泽东的革命友谊，是从湖南第一师范开始建立的。辛亥革命前后，他们分别从湘乡永丰（今属双峰县）和湘潭韶山冲，先后来到省城求学。蔡和森初入铁路学堂；毛泽东入湘乡驻省中学，随后转入省立第四师。一师创立后，蔡和森于1913年秋转入；毛泽东于1914年春随四师并入一师而转入。从此，两位爱国有志青年相聚到一起。

学生时代的蔡和森与毛泽东不仅注重对书本知识的研究，而且注重社会调查，向社会广求知识。他们把向书本学习叫读有字之书，把向社会学习叫读无字之书。他们经常利用课余时间或假日到学校附近的工厂、农村去作社会调查。1918年春，毛泽东母亲寓居蔡家"刘家台子"治病时，两人各带一把雨伞，脚穿一双草鞋，身无分文，走遍洞庭湖区5个县市，作了一次大规模的社会调查。出发时，他们对自己的母亲说："我们两三天就回来。"但他们一出门,半个月才归。回家时,蔡母问他们:"你们身无分文,在外生活怎么过?"蔡和森与毛泽东回答道:"我们见人说话,遇事帮忙,给人家送副对联,别人就给我们饭吃。看来,天下农民是一家,只要乐于助人,走遍天下都不怕呀!"这种社会调查,不仅使他们获得了大量丰富的社会知识,而且锻炼了他们克服困难的毅力与勇气。

在那茫茫黑夜与荆棘丛生的时代,有蔡和森与毛泽东这样的民族精华聚结到一起,而且又如此的意气相投与志同道合,实在是难得的。他们的思想与生活与众不同,时人称之为"怪人"。"远在五四运动以前,在湖南的一般先进青年中,就盛称毛蔡之名,而奉之为表率。"不仅青年们愿意与之交往,就是进步教师也十分器重他们。杨怀中先生曾经就极其推崇他俩,常在好友前夸耀这两位得意门生。临死时,他还写信给章士钊说:"吾郑重语君,二子海内人才,前程远大,君不言救国则已,救国必先重二子。""二子",指的就是蔡和森与毛泽东。

(来源:人民网,2013 年 12 月 16 日,《蔡和森与毛泽东:学友、会友、战友》,http://dangshi.people.com.cn/n/2013/1216/c85037-23853456.html)

(四)杨开慧同志纪念馆

这座古老的平房始建于清代乾隆末年(1795 年),为土砖木结构的普通农舍建筑。院落房屋坐西朝东,依山傍水,前有荷塘小溪,背靠竹林,更掩映出这土砖墙、小青瓦、闸栏门乡村民居的古朴景致。1966 年故居修复并对外开放,1983 年被公布为湖南省文物保护单位。整个院落占地约 1400 平方米,建筑面积约 680 平方米,现存有大小房间 36 间,分上、中、下三进和东西两厢。门额上悬挂着毛泽东手书的"板仓"二字。门联"忠厚传家久,诗书继世长",反映出板仓杨氏家族的遗风和家世。故居以堂屋为界,北部为杨昌济一家居住,南部是杨开慧的叔父杨瑞生一家居住。1901 年 11 月,杨开慧在故居诞生,并在这里度过了童年和少年时代。1913 年,12 岁的杨开慧随父亲杨昌济、母亲向振熙迁居长沙。1927 年大革命失败后,杨开慧带着三个儿子及保姆回到这儿居住,直至 1930 年 10 月被捕。杨家"一门三烈",故居也是烈士杨开明(杨开慧的堂弟)、杨展(杨开慧的侄女)诞生和居住过的地方。1921 年至 1927 年,毛泽东曾三次到板仓调查,召开农民座谈会,并在此小住。

>> 拓展阅读

杨开慧手迹

第一次是1950年年初的一天,佃居在杨开慧家的谬姓农民用锄头整理故居前院左侧靠近桂花树的菜地时,忽然挖到一个青花"囍"字瓷坛,里面有杨开慧的手稿和其他遗物,遗憾的是后来谁也不知道这批遗物的下落。笔者猜测,1950年5月26日,毛岸英奉父命来板仓省亲和为母亲扫墓,在此住了3天,有可能毛岸英看到这批遗物并带回了北京。

第二次是1982年3月10日,工人们在维修故居时,在靠近杨开慧卧室屋檐的梁架与斗拱结合处,发现一叠被厚重泥灰包裹着的整齐的杨开慧手稿,手稿是用两种纸写成的,共12页,其中3页为毛边纸,9页为深绿色方格毛边作文纸。行文系用毛笔从右至左竖行书写,共4200余字。由于藏在缝隙内50余年,纸张发黄,有几页部分字迹残缺。手稿中共有完整的诗文7篇:自传体散文1篇,诗2首,杂文2篇,没有发出的信2封。写作时间为1928年10月至1929年。这批手稿现珍藏于湖南省博物馆。

第三次是1990年8月中旬,工人们维修故居中的杨开慧卧室,在卧室后墙离地面约两米高处的泥砖缝中发现了一叠杨开慧的手稿。手稿共4页,为长方形毛边纸,行文为行草竖排,约1000字,系杨开慧在1930年1月前后为怀念毛泽东而作。这是目前所发现杨开慧生前最后的手稿,该手稿现由长沙市博物馆收藏。

从杨开慧同志的手稿可以看出她对毛主席深厚的感情,"爱我当无变,情怀永相依",展现了一个女子对爱人的深深依恋。

(来源:湖南日报,2011年5月14日05版,《红色见证:3次发现杨开慧手稿》)

(五)秋收起义文家市会师纪念馆

秋收起义文家市会师纪念馆位于湖南省浏阳市文家市镇人民路34号,总占地104.8亩,主要包括秋收起义文家市会师旧址、标语巷、秋收起义历史辅助陈列馆、会师广场等部分。

1927年9月19日,毛泽东率秋收起义部队会师文家市,在会师旧址——里仁学校召开了中共前敌委员会会议,决定放弃攻打长沙,向敌人统治薄弱的农村进军,由此开辟了农村包围城市的正确道路。会师旧址为首批全国重点文物保护单位，1974年正式对国内外观众开放，1977年设立秋收起义文家市会师纪念馆，是全国爱国主义教育示范基地，国家4A级旅游景区、全国100家红色旅游经典景区，国家国防教育示范基地。

会师旧址原为文华书院，创办于1841年，书院取其文章华国之义，定其名曰文华，1912年更名为里仁学校，占地面积5677平方米，建筑面积3834平方米。书院建筑群传承明清风格，均为土木结构，颇具艺术造型，其中心轴线连接街门、巷道、过路亭、前门、讲堂、大成殿、状元桥、成德堂、后山亭，左有关帝庙、东斋、讲堂，右有文昌阁、西斋。此外，在浏阳的大围山镇、张坊镇、中和镇及文家市镇还分布有其他14处秋收起义旧址。

秋收起义历史辅助陈列馆占地面积26591.26平方米，建筑面积6957.52平方米，通过"一场危机、一面旗帜、一条道路、一支军队、一部史诗"的展示线索布局，划分为"序厅、轰轰烈烈的大革命失败、高举新旗帜、开辟新道路、创建新军队、传承与荣耀"六大展厅，配以声、光、电等现代化手段，使整个展览庄重、大气、简洁、大方，融思想性、观赏性、艺术性于一体，尽显秋收起义红色文化底蕴。

>> 拓展阅读

秋收起义与中国革命道路

秋收起义公开打出中国共产党领导中国革命的旗帜，进一步表明了中国共产党独立领导革命战争的决心。八七会议前，我们党已经逐步形成发动武装起义的共识。南昌起义成功后，在南昌举行了国民党中央委员、各省区特别市和海外各党部代表联席会议，成立由宋庆龄、周恩来、贺龙、叶挺、朱德等组成的中国国民党革命委员会，通过《八一起义宣言》，提出"打倒帝国主义""打倒新旧军阀""实行耕者有其田"等革命口号和政纲。但是，南昌起义打出的是国民党革命委员会的旗帜。南昌起义后，《中央关于湘鄂粤赣四省农民秋收暴动大纲》要求，"以农会为中心"，"夺取一切政权于农民协会"。"除夺取乡村政权之外，于可能的范围应夺取县政权，联合城市工人贫民（小商人）组织革命委员会，使成为当地的革命中心"，"实行中央土地革命政纲"。中央指示湖南省委，秋收起义要发动土地革命，推动中国革命发展。随后，八七会议在中国革命的危急关头召开，正式确定了实行土地革命和武装起义的方针，并把领导农民进行秋收起义作为当时党的最主要任务。八七会议后，中共中央派毛泽东改组湖南省委，领导秋收起义。

新的湖南省委根据八七会议精神，制订秋收起义计划。毛泽东指出：湖南秋收暴动单靠农民的力量是不行的，必须有一个军事的帮助。我们党从前的错误是忽略了军事，现在应以百分之六十的精力注意军事运动，应"实行在枪杆子上夺取政权，建设政权"。会议认为，秋收起义不应再用国民党的名义，而必须用共产党的名义来号召，并应竭力宣传和建设工农政权。由此，中国共产党开始成为领导中国人民开辟中国革命道路的核心力量。

秋收起义建立了中国工农革命军。南昌起义是中国共产党独立领导武装斗争的开端，但起义军用的是国民革命军第二方面军番号。八七会议后，毛泽东在张家湾部署秋收起义的军事会议上决定，将驻修水、安源、铜鼓的革命武装统一编成工农革命军第1军第1师。全师共5000余人，由卢德铭任总指挥，余洒度任师长，下辖3个团，第一次打出中国工农革命军的旗帜。同时表明，秋收起义不仅是军队的军事行动，而且有大量工农武装参加。以萍乡工农武装为主体的工农革命军第二团，就是秋收起义的重要力量。以秋收起义建立工农革命军为开端，中共领导湖南、湖北、江西、广东、福建、河南、陕西等省武装起义组成的部队均称工农革命军。如湖北黄麻起义组成工农革命军鄂东军，南昌起义第24师与海陆丰起义农军合编为工农革命军第2师。湖北黄冈回龙山农民起义称工农革命军第6军。清涧、渭华起义组成西北工农革命军，等等。中国工农革命军在开辟中国革命道路的历史舞台上发挥了重要作用。

秋收起义把党的工作重点转向农村。俄国十月革命走的是城市革命道路，南昌起义、广州起义以及原计划秋收起义与长沙暴动占领长沙，都属于走城市革命道路的探索。南昌起义后，起义部队放弃南昌、南下广东，目的是恢复广东根据地，夺取出海口，取得共产国际援助，重新北伐，但是这一目标未能实现。广州起义建立广州工农民主政府，计划夺取全省政权，也以失败告终。这些事例证明：在反革命势力掌握强大武装并占据中心城市情况下，通过城市起义夺取政权是不可能的。中国革命只有在敌人统治力量薄弱的农村，积蓄力量，才能夺取革命胜利。秋收起义开始虽然也以攻占中心城市为主要目标，但受挫后，毛泽东审时度势，率领秋收起义部队走上在农村建立根据地，以保存和发展革命力量的道路，代表了中国革命的正确方向。

秋收起义为建立中国共产党武装力量体制作出了重要探索。参加秋收起义的工农革命军向农村转移途中，由于党组织不健全，部队思想较为混乱。到达江西永新三湾时，中国共产党前敌委员会决定改编部队：由一个师缩编为一个团，建立各级党组织和党代表制度，党支部建在连上，班、排有小组，连以上设党代表，营、团建立党委；连以上建立各级士兵委员会，实行民主制度，在政治上官兵平等。"三湾改编"确立党对军队绝对领导，是建设新型人民军队的重要开端。工农革命军所到之处，首先与地方党委建立联系，发动群众，开展土地革命，帮助建立工农政权。从秋收起义到建立井冈山根据地，逐步形成主力部队、地方部队和赤卫队（民兵）"三结合"的武装力量体制。从秋收起义建立中国共产党前敌委员会作为最高领导机构，到"三湾改编""支部建在连上""营以上建立党委""党代表制度"（即政治委员制度），以及"三大纪律、八项注意""思想政治工作""士兵委员会制度""军队民主制度"等等，逐步发展，不断完善，成为人民军队的优良传统和重要制度。

秋收起义制定了人民军队"三大纪律"。三湾改编后，毛泽东强调了行军纪律：说话要和气，买卖要公平，不拉夫，不打人，不骂人。毛泽东率部上井冈山前夕，再次强调：上井冈山要建立根据地，大家一定要同山上的群众及王佐搞好关系，做好群众工作。为此宣布三项纪律：一，行动听指挥；二，不拿群众一个红薯；三，打土豪要归公。1928年3月，毛泽东率部到湖南桂东沙田期间，宣布和解释了工农革命军"三大纪律、六项注意"。"三大纪律"是：第一，行动听指挥；第二，不拿工人农民一点东西；第三，打土豪要归公。"六项注意"是：一，上门板；二，捆铺草；三，说话和气；四，买卖公平；五，借东西要还；六，损坏东西要赔。这是"三大纪律、八项注意"的开端。随后，"三大纪律、六项注意"在革命实践中不断补充和完善，"三大纪律"中不拿工人农民一点东西改为不拿群众一个鸡蛋，又改为不拿群众一针一线；打土豪要归公改为一切缴获要归公。六项注意也逐步修改补充成为八项注意：说话和气，买卖公平，借东西要还，损坏东西要赔，不打人骂人，不损坏庄稼，不调戏妇女，不虐待俘虏。从此，"三大纪律、八项注意"成为人民军队的根本纪律。

秋收起义开创了新民主主义革命时期的中国革命道路。秋收起义虽然开始以攻占中心城市为目标，但在遭到严重挫折后，毛泽东在革命斗争实践中认识到，中国革命必须适合中国国情，必须探索中国自己的革命道路。所以，他改变中央要求攻打长沙的指令，选择向农村进军，创建井冈山根据地，开始了全党工作重心由城市向农村的战略转移。这是中国革命具有转折意义的伟大起点，为各地起义部队建立、发展农村根据地树立了榜样。秋收起义和由此而开创的井冈山道路，成为中国革命道路的重要里程碑。毛泽东在领导秋收起义、开创井冈山道路过程中，不断总结经验教训，及时把新的革命实践上升为革命理论，逐步从实践上和理论上形成了土地革命、武装斗争、党的建设"三位一体"的农村包围城市、武装夺取政权的中国革命道路。这条道路，把大革命失败后革命的退却与革命的进攻结合起来——在国民党严密统治的城市实行退却，向国民党统治力量薄弱的农村发动进攻。这是一条与俄国革命以城市为中心完全不同的道路：在农村开展游击战争,建立革命根据地,以保存和发展革命力量。这条道路代表了大革命失败以后中国革命的正确发展方向,引领中国革命走向了胜利。

(来源:《光明日报》,2017年9月20日03版,《秋收起义与中国革命道路》)

(六)南昌八一起义纪念馆

南昌八一起义纪念馆是为纪念南昌起义而设立的专题纪念馆。1956年成立,1959年正式对外开放,1961年被国务院公布为全国首批重点文物保护单位(所辖五处革命旧址——总指挥部旧址、贺龙指挥部旧址、叶挺指挥部旧址、朱德军官教育团旧址和朱德旧居)。

1927年春夏,正当国共合作的北伐战争节节胜利、工农运动蓬勃发展之际,国民党右派蒋介石集团、汪精卫集团相继背叛革命,血腥屠杀共产党人和革命群众,轰轰烈烈的大革命失败。

在极为严峻的形势下,要不要坚持革命?如何坚持革命?这是摆在中国共产党面前的两个根本性问题。党以武装起义的实际行动,对此作出了明确的回答。8月1日凌晨2时,在以周恩来为书记的中共前敌委员会的领导下,贺龙、叶挺、朱德、刘伯承等率领党掌握和影响的军队2万余人在南昌举行起义。经过4个多小时的激烈战斗,起义军杀死守敌3000余人,占领南昌城。

南昌起义打响了武装反抗国民党反动派的第一枪,用血与火的语言,宣告了中国共产党人不畏强暴、坚持革命的坚强决心,在全党和全国人民面前树立起一面革命武装斗争的旗帜,标志着中国共产党独立领导革命战争、创建人民军队和武装夺取政权的开始。

1927年8月3日,起义军按照中共中央在起义前的决定,撤离南昌,取道临川、宜黄、广昌,南下广东,占领出海口,以期取得国际援助,建立革命根据地,然后重新举行北伐。在南下途中,起义军虽然取得过重大胜利,但终因敌强我弱,在潮汕地区遭受严重挫折。潮汕失利后,起义军一部分转入海陆丰地区,与当地农军会合,继续坚持斗争;一部分由朱德、陈毅、王尔琢率领,经过"赣南三整"、湘南起义后,与毛泽东率领的湘赣边界秋收起义部队在井冈山会师,组成工农革命军第四军,为进一步巩固和扩大井冈山革命根据地创造了条件。

南昌起义开创了中国共产党独立领导武装斗争和创建人民军队的新时期,也锻炼和造就了一批治党、治国、治军的骨干。经过长期革命战争的考验,南昌起义将士逐步成长为党和国家的重要领导人、共和国开国将帅。他们身上所凝聚和体现出来的革命精神，是中国共产党和全国人民极其宝贵的精神财富。

>> 拓展阅读

八一精神及其时代价值

　　伟大的革命实践必然孕育出伟大的革命精神。南昌起义不仅开辟了新的历史时期，创建了新型的人民军队，而且形成了伟大的八一精神。八一精神具有丰富的内涵，如听党指挥，敢为人先，百折不挠，为民奋斗，等等。八一精神是中国共产党在领导南昌起义的进程中铸就的伟大精神，是党在革命战争年代培育的一整套革命精神链条上不可或缺的光辉一环，是中国共产党人红色基因和精神族谱的重要组成部分。

　　听党指挥是八一精神的核心内涵。习近平总书记指出，党对军队绝对领导的根本原则和制度，发端于南昌起义，奠基于三湾改编，定型于古田会议，是人民军队完全区别于一切旧军队的政治特质和根本优势。听党指挥、党指挥枪，是八一精神的灵魂，也是人民军队的立军之本和不朽军魂。"南昌首义诞新军"（朱德语），南昌起义是中国共产党创建新型人民军队的开端。南昌起义自始至终都是在党领导下进行的，南昌起义及起义之后的部队整编，初步实践了党对人民军队实行绝对领导。起义准备阶段，中央临时政治局决定组织前敌委员会，这是起义的最高领导组织机构。前敌委员会，坚持党的领导，牢牢把握部队的政治方向，成为部队的坚强领导核心。参加起义的军队都是在党掌握和影响下的武装力量，主要军事领导者贺龙、叶挺、朱德、刘伯承等，都是坚决"听党指挥"的革命将领。起义后的部队整编，绝大多数的军、师、团都配备了由共产党员担任的党代表、政治部主任、指导员等职，从上到下逐步确立了党对军队的统一领导和指挥。为了加强党对军队的领导，起义部队在南下途中不断加强整顿，著名的有朱德和陈毅在赣南的三次整顿，即天心圩的思想整顿、大余的组织整编、上堡的作风整训。这三次整顿在我党我军建设史上占有重要地位，与毛泽东领导的"三湾改编"一样，具有里程碑式的意义。

　　敢为人先是八一精神的显著特点。南昌起义是以周恩来等为代表的中国共产党人，迎着国民党反动派的屠刀，顶着共产国际的压力，独立自主地领导和发动的伟大壮举，"开启了中国革命新纪元"。这一伟大壮举的精神"原动力"，来源于中国共产党人"敢为天下先"、敢于斗争、敢于革命的大无畏英雄气概和政治勇气。"八一功在第一枪"。

周恩来说:"八一起义在共产党领导下,向国民党反动派打响了第一枪,这在大方向上是对的。"正是有了南昌起义"第一枪"的榜样作用,才有秋收起义、广州起义以及全国上百次武装起义的先后发动,推动革命不断向前发展。

百折不挠是八一精神的重要内容。南昌起义余部和起义领导人,在起义失败后不怕任何艰难险阻,不惜付出一切牺牲,在困境绝境中奋起拼搏,凸显了坚韧不拔、百折不挠的英雄气概和坚定意志,是八一精神的鲜明体现。起义部队南下失利后,起义领导人和许多参加者在极其艰难困苦的条件下,继续坚持革命斗争,经过长期革命战争的考验,成为领导革命斗争和人民军队建设的骨干,体现了中国共产党人坚定不移的理想信念和不屈不挠的斗争精神。

为民奋斗是八一精神的目标宗旨。南昌起义的根本目的,是"救国救民"。这一目的,也构建了新生的人民军队的宗旨。南昌起义创立了中国共产党领导下的人民军队,这支军队的宗旨在起义一开始就得到了充分的体现。中共中央在8月1日致前委信中就明确指出:"南昌暴动,其主要意义,在广大的发动土地革命的争斗。"南昌起义前夜的宣言中就明确提出了"为实行解决土地问题奋斗""以此种革命主张号召天下,唤起民众"。起义胜利当天,中央委员及各党部代表《联席会议宣言》提出的政纲之一,就是"为解决土地问题,解放农民,打倒乡村封建地主之反动势力而奋斗"。起义总指挥贺龙在《告全体官兵书》中则郑重宣称:我们"此次革命的行动",就是"为实行土地革命,解决农民问题而奋斗"。当时的布告中也宣称:"此次南昌起义,原为救国救民。"这些都表明,当时的中国共产党已经初步认识到,革命军队的性质是属于人民的,使命是要为人民而奋斗,在当时的情形下,就是要实行土地革命。虽然南昌起义后迫于军情紧急,没有真正开展土地革命,但通过这次起义实践,让人民军队初步明白了为谁服务、为谁打仗这一根本问题,为人民军队的奋斗发展找到了根本出发点和归宿。正如习近平总书记指出,"只要始终站在人民立场上,赢得最广大人民衷心拥护,就能构筑起众志成城的铜墙铁壁"。

(来源:《光明日报》,2017年8月9日02版,《南昌起义与八一精神》)

(七)古田会议纪念馆

古田会议会址位于福建省上杭县古田镇,原为廖氏宗祠,又称万源祠,始建于1848年。会址为四合院式建筑,坐东朝西,沿中轴线依次为前院、前厅、天井、后厅。前后两进，面阔三间，左右厢房。悬山顶屋面，砖木结构，穿斗式木构架，三合土地板。后厅原为古田会议会场，左厢房有毛泽东、陈毅在古田会议期间的办公室，右厢房有朱德办公室。

1917年，古田第一所小学"和声小学"在万源祠成立。1929年5月，红四军第二次入闽，把"和声小学"改名为"曙光小学"。1929年12月28日至29日，毛泽东、朱德、陈毅等人在"曙光小学"领导召开了中国共产党红军第四军第九次代表大会，即著名的古田会议。参加大会的有红四军党代表、士兵代表以及地方干部代表和妇女代表共120多位。毛泽东、朱德、陈毅等分别在会上做了报告，代表们经过热烈讨论，一致通过了毛泽东亲自起草的《中国共产党红军第四军第九次代表大会决议案》，即著名的《古田会议决议》。

古田会议总结了南昌起义以来两年多时间里红军建设的宝贵经验和教训，批判了红军党内存在的各种非无产阶级思想；结合中国革命的具体实践，灵活地、创造性地运用马克思列宁主义，初步回答了在党员以农民为主要成分的情况下，如何从加强党的思想建设着手，保持党的无产阶级先锋队性质的问题；解决了革命战场主要在农村进行的情况下，如何将以农民为主要成分的革命军队，建设成为无产阶级领导的新型的人民军队这个根本问题。古田会议是建党建军历史上的一个里程碑，《古田会议决议》是我党我军建设的纲领性文献。

古田会议精神是中国革命精神的重要组成部分，是我党我军极其宝贵的精神财富。古田会议精神的内涵主要体现为思想建党、政治建军、求实创新、保持先进，核心是思想建党，精髓是求实创新，本质是一切为民，根本是保持党的先进性。会议还选举产生了红四军新一届前委，毛泽东、朱德、陈毅等11人为委员，毛泽东任前委书记。

1961年3月，国务院将古田会议会址公布为第一批全国重点文物保护单位。

（八）李大钊纪念馆

李大钊纪念馆坐落在河北省乐亭县城，经中共中央批准兴建，于1997年8月16日落成开馆。纪念馆占地130亩，建筑面积8656平方米，主要参观景区有李大钊生平事迹陈列展览、李大钊廉洁风范展览、李大钊纪念碑林等。纪念馆馆名由江泽民同志亲笔题写。整个建筑由黑、白、灰三种色系组成，古朴庄重典雅。八根功绩柱，象征李大钊的丰功伟绩；八块浮雕，展示李大钊主要革命实践活动足迹；三十八级台阶，寓意李大钊走过的三十八年风雨历程。李大钊生平业绩陈列展览分三个展厅，以翔实的资料配以现代化展示手段和多种艺术形式，全面系统地展现李大钊波澜壮阔的一生以及对中国革命做出的丰功伟绩；李大钊廉洁风范展览突出展现李大钊同志的廉洁风范及模范传承和现实意义；李大钊纪念馆碑林汇集了李大钊部分珍贵手书、党和国家领导人为李大钊题词及国内部分著名书法家、艺术家缅怀和颂扬李大钊的书法作品和部分有关李大钊碑刻的复制内容，集爱国主义教育、人文景观与艺术欣赏于一体。

李大钊纪念馆还建有旅游服务中心、游客中心、电教报告厅、人工湖、凉亭、纪念广场等。纪念馆建筑风格融民族特色与现代建筑格调为一体，与园林绿化相结合，朴素、简明、庄重、大方，体现了李大钊同志的精神风范。李大钊纪念馆被确定为全国首批百家爱国主义教育示范基地之一、全国百个红色旅游经典景区之一、全国三十条红色旅游精品线路之一，全国廉政教育基地、国家国防教育示范基地，国家 AAAA 级旅游景区。李大钊纪念馆年均接待全国各地观众及海外游客 150 余万人次，现已成为进行革命传统教育、爱国主义教育、党史学习教育的重要基地和旅游胜地。

拓展阅读

李大钊生平简介

李大钊是中国共产主义运动的先驱，伟大的马克思主义者，杰出的无产阶级革命家，中国共产党的主要创始人之一。李大钊少年立志报国，为寻求中华民族的解放不懈努力，他顺应时代的需要，率先在中国大地上高举起马克思列宁主义的旗帜，为中国昭示了新的社会主义的发展方向。作为中国共产党早期的卓越领导人，他在中国革命的许多条战线上进行过英勇的斗争，做出了重大的贡献。他在中国共产主义运动中，在中国人民的民族解放和社会解放事业中，占有崇高的历史地位。

李大钊，字守常，1889 年 10 月 29 日出生于河北省乐亭县大黑坨村。他自幼父母早逝，靠垂老的祖父李如珍教养成人。7 岁时入乡塾读书，经历了 9 年的私塾学习，勤奋好学，成绩优异。1905 年，考入永平府中学堂读书，开始接触"西学"和康有为、梁启超倡导变法维新的思想，受到启发，一心要寻求救国的道路。

1907 年，李大钊考入天津北洋法政专门学校。他目睹了在帝国主义侵略下的国家危亡局势和社会黑暗状况，激发了爱国热忱，立志要为苦难的中国寻求出路。辛亥革命的果实被袁世凯窃夺后，李大钊开始发表文章，揭露军阀官僚的统治只是加深了民族的灾难和人民的痛苦。李大钊在天津北洋法政专门学校读书 6 年，一方面刻苦学习，接受了系统的法政教育，奠定了良好的治学基础；另一方面积极参加各种社会活动，创建社团，出版刊物，写文章表政见，其诗文气势磅礴，有"北洋三杰"之一的赞誉。

1913年冬，李大钊含愤东渡日本并于1914年9月入日本东京早稻田大学政治本科学习。1915年1月18日，日本政府向袁世凯提出灭亡中国的二十一条，李大钊参加了留日学生总会的爱国斗争，担任文牍干事，并主笔起草了《警告全国父老书》寄往国内，呼吁全国人民团结一致，保卫锦绣之河山。当袁世凯在卖国条约上签字后，李大钊又组织编印了《国耻纪念录》并发表《国民之薪胆》一文，推动了中国人民的反日爱国运动。在日本留学期间，李大钊结识了安部矶雄等日本社会主义学者，接触到社会主义思想和马克思主义学说。因国内斗争需要，1916年5月李大钊弃学归国。

回国后，李大钊积极参与正在兴起的新文化运动，他抨击以孔子为偶像的旧礼教、旧道德，向当时抬出孔子来维护自己统治的反动势力展开猛烈的斗争，对我国前期新文化运动起了重大影响作用。他怀着再造青春之中华的革命理想发表了《青春》一文，号召人们"冲决历史之桎梏，涤荡历史之积秽，新造民族之生命，挽回民族之青春"。1916年7月，李大钊应汤化龙、孙洪伊之邀，到北京创办《晨钟》报，任编辑主任。1916年8月15日，《晨钟》报创刊，李大钊以此为阵地，传播进步思想，决心唤起"吾民族之自我的自觉"，担当起"青春中华之再造"的使命。但是因与该报的主办人政见不同，22天后他断然辞职，离开该报。之后又相继参加了《宪法公言》和《甲寅》日刊的编辑工作，发表多篇反对军阀统治和反封建文化的文章。

1917年，俄国十月社会主义革命的胜利使李大钊受到极大的鼓舞和启发。他逐步明确地站到马克思主义的立场上来，成为中国最早的马克思主义者和共产主义者。从1917年到1919年，他发表了许多热情地宣传俄国革命和马克思主义的文章，并与资产阶级改良派胡适展开了"问题与主义"的论战，在思想界引起了广泛强烈的反响。他在1918年担任北京大学图书馆主任，后兼任经济学教授，参加《新青年》杂志编辑部。这年年底与陈独秀等创办《每周评论》，并于次年主编《晨报》副刊。同时，他还协助北京大学学生创刊《国民》和《新潮》杂志。随着李大钊等领导下的反帝反封建的五四爱国运动的发展，马克思主义的影响日益扩大。1918年7月到8月，李大钊连续发表了《法俄革命之比较观》《庶民的胜利》《Bolshevism的胜利》，分析了俄国十月革命和法国资产阶级革命的根本区别，指出十月革命是社会主义革命，是推动世界革命的巨大力量。宣告："试看将来的环球，必是赤旗的世界！"

1919年5月4日，爆发了伟大的五四爱国运动。李大钊是这次运动的主要领导者之一，起到了杰出的指导作用。在五四运动中，李大钊更加勤奋地学习和积极宣传马克思主义。1919年9月至11月，他在《新青年》上发表《我的马克思主义观》一文，系统阐述了马克思主义三个重要组成部分，是我国第一篇全面系统地介绍马克思主义基本原理的长篇论述。1920年3月，李大钊同志在北京发起组织马克思学说研究会，许多青年在他的影响下接受了马克思主义，其中有些成为中国共产党早期的著名活动家，如邓中夏、高君宇同志等，毛泽东同志和周恩来同志也受到过他的影响。

五四运动的爆发和马克思主义在中国的广泛传播为中国共产党的成立做了思想上和组织上的准备。1920年年初，李大钊就曾经和邓中夏等酝酿过建党问题。不久，陈独秀因北洋军阀的迫害而避居上海，李大钊护送他出京，在去天津的路上，李大钊与陈独秀又进一步研究了建党问题。1920年8月陈独秀等人在上海创立了共产党早期组织，同年10月在李大钊的直接领导下，北京共产党早期组织成立，之后，李大钊又派人去天津、唐山、山东等地，在工人群众中开展宣传工作，发展建立党团组织。1921年7月，中共一大在上海、嘉兴南湖召开，标志着中国共产党的诞生。一大之后，李大钊代表党中央指导北方党的全面工作。在党的二大、三大、四大上，李大钊都当选为中央委员。1924年年底，李大钊任党的北方区执行委员会书记。在他的领导下，北方党组织派出许多同志在冀、鲁、豫、晋、陕、内蒙古和东北的广大地区开展了党、团工作，先后发动了开滦大罢工、二七大罢工等著名斗争。

1922年，他受党的委托在上海与孙中山先生商谈国共合作，并于1924年1月在广州参加了国民党第一次代表大会的领导工作，为建立国民革命统一战线，实现第一次国共合作做出了重大贡献。1925年在孙中山先生北上时和逝世时，在五卅运动中，李大钊领导北方党组织发动群众，在北洋军阀统治的北方地区，开展了轰轰烈烈的反帝反军阀斗争。他积极地进行广泛的统一战线工作，领导改组后的国民党在北京的组织，坚决反对国民党右派。

李大钊十分关心农民问题，他坚决支持当时主要在南方一些农村蓬勃兴起、同时也开始波及北方的农民运动，并在调查研究的基础上，撰写了《土地与农民》《鲁豫陕等省的红枪会》等文章，论述开展农民运动和解决土地问题的重要性。

李大钊十分重视军事工作，选派干部去黄埔军校学习、去苏联学习军事，为党培养了很多军事人才。他还十分注意在旧军队中扩大革命运动的影响，做了大量争取冯玉祥的工作，对冯玉祥成功举行五原誓师参加北伐起了重要作用。

1926年3月18日，北京各界人民在天安门举行反对日本等国要求大沽口撤防的大会，并到皖系军阀段祺瑞执政府门前请愿，竟遭到段政府的血腥屠杀。李大钊同志在惨案发生后，继续领导共产党和国民党的北方组织坚持斗争。不久，奉系军阀张作霖的军队进入北京,白色恐怖更加严重。次年4月6日,张作霖在帝国主义支持下逮捕了李大钊同志等80余人。李大钊同志备受酷刑,在监狱中,在法庭上,始终大义凛然,英勇不屈。4月28日,凶残卑怯的敌人不顾广大舆论的反对,将李大钊同志和谭祖尧、邓文辉、谢伯俞、莫同荣、姚彦、张伯华、李银连、杨景山、范鸿劼、谢承常、路友于、英华、张挹兰、阎振三、李昆、吴平地、陶永立、郑培明、方伯务共二十位革命者(其中多数是共产党人,也有国民党左派)一齐绞杀。李大钊同志临刑时毫无惧色,第一个走上绞台,从容就义,时年尚不足38周岁。

李大钊同志的灵柩多年停放在宣武门外的一个庙宇内。1933年4月23日,他的家属和许多社会知名人士,为李大钊同志举行公葬,将灵柩安葬于香山万安公墓。

李大钊同志对中国人民的解放事业,对马克思主义的信仰和无产阶级的革命前途无限忠诚。他为在我国开创和发展共产主义运动的大无畏的献身精神,永远是一切革命者的光辉典范。李大钊同志和其他无数先烈光荣地倒下去了,但是他们的牺牲没有使中国革命停止,相反,中国革命在牺牲者的血泊中继续前进,直至获得伟大的胜利。作为中国人民的优秀儿子和伟大的无产阶级革命家,李大钊同志的业绩将永远受到中国人民的追怀和崇敬。

(来源:李大钊纪念馆官网,2021年9月10日,《李大钊生平简介》,http://www.lidazhao.org.cn/spjj)

(九)刘少奇同志纪念馆

刘少奇同志纪念馆是全国唯一一座系统、完整地介绍刘少奇生平业绩的传记性专馆。开馆于1988年11月24日,占地面积2700多平方米,采取江南园林式建筑风格,纪念馆正门上悬挂的"刘少奇同志纪念馆"匾额,由邓小平同志于1987年题写。

在2018年刘少奇诞辰120周年之际,对刘少奇生平业绩陈列展览进行重新布展。新陈列的主题是"共和国主席刘少奇",以生平为主线,采用生平加专题相结合的形式,反映刘少奇光辉而伟大的一生,展现他的光辉思想和丰功伟绩。展览共分九个部分:第一部分是走上革命道路,第二部分是工人运动的著名领袖,第三部分是党的正确路线在白区工作中的代表,第四部分是华北、华中抗日根据地的主要创建者,第五部分是在党中央领导岗位上,第六部分是参与创立新中国的政治经济制度,第七部分是探索适合中国国情的建设道路,第八部分是党内公认的党建理论家,第九部分是人民爱戴的共和国主席。展线长497米，展出图片400余张，展示文物实物94件，文物复制件182件，汉白玉主题雕塑2尊，油画8幅，艺术雕塑14尊，多媒体场景9个。

拓展阅读

把自己当作人民的儿子，人民的勤务

"爸爸是人民的儿子，你们也一定要做人民的好儿女。永远跟着党，永远为人民。" 1967年4月，刘少奇与子女谈心时说了这样一句话。作为一名共产党员，他一直以自己是人民的儿子而感到骄傲，以儿子的身份将自己的衣食父母——人民，铭记在心。

刘少奇是农民的儿子，是人民的儿子。他出生在湖南宁乡花明楼炭子冲的一户农民的家庭。小时候农家生活的艰难磨砺，让他深知老百姓生活的不易和群众的期盼，也让他对百姓的感情更为质朴、醇厚，让他更知百姓的冷暖。刘少奇为人心善，乐于助人，自小就表现出了对贫苦农民的关心。刘少奇家曾开过小杂货店，卖米、卖酒。农闲卖米的时候，他常去帮忙，碰到一些家里比较穷苦的乡亲，刘少奇多次少收、不收米钱或者多给米。虽然，有时因此会遭到家人的责怪，但是他还是会这样做。因此，乡亲们曾夸赞说："刘九读了一肚子书，他的心还真正是向着我们穷人的。"

青少年时期的刘少奇表现出了强烈的忧国忧民之心，从他几易其名，可窥见一二。1915年5月，袁世凯与日本签订了丧权辱国的《二十一条》。刘少奇对此十分愤恨，和几个同学积极参加了玉潭学校举行的讨袁游行。他胸前挂着"勿忘国耻"的牌子，手持"内除国贼，外抗强权"的小旗子，走在游行队伍的最前面。此次参加反袁活动，他第一次受到了革命的洗礼，为中华民族的深重危难感到忧虑，深感保卫炎黄子孙的责任重大。为了表达自己保卫炎黄子孙的决心，刘少奇将私塾老师朱赞庭以"姜太公钓鱼于渭水巧遇文王"的故事之意而取的名字"渭璜"改为保卫炎黄子孙中的"卫黄"二字。他还将改后的名字写在书本上、作业本上。在他自己制作的笔筒上，刻着一株挺拔的松树下，仙鹤傲然独立的图案。图案刻有一首诗："挺然百尺之，松绕有生志；舞是千年之，鹤德少尘心。"落款为"卫黄作"。这件诗画合一的楠竹笔筒，反映出刘少奇从小就立志做一名品格高尚、有益于人民的人。

1919年五四运动爆发，进一步激励了青年刘卫黄的革命决心。他认为作为炎黄子孙不能碌碌无为，虚度光阴，而应当少有奇志，于是改名"少奇"，并于1920年起正式

使用。从此，刘少奇就与中国共产党领导的革命和建设历史紧密联系在一起，他将自己的整个一生都交给了中国人民。

　　1925 年，刘少奇被捕释放后回家养病。刘少奇的被捕让母亲十分的担忧，她不愿自己的儿子再去冒杀头的危险。为了阻止刘少奇去干会危及生命的革命事业，在百般劝阻无效的情况下，母亲跪在了刘少奇的面前祈求他。面对母亲的祈求，刘少奇说："别的事，我都可以答应你，唯独这件事，不行。"百善孝为先，父母的养育之恩大于天，但为了全中国的劳苦大众，刘少奇并未答应母亲的请求。在刘少奇的心中，母亲的养育之恩固然不能忘，但党和人民的教育之恩更加深重。

　　做人民的好儿子，当好人民的勤务员。刘少奇一生以人民勤务员自勉，以让人民群众能获得解放，过上"富裕和有文化的生活"作为自己的奋斗目标。在革命时代，他曾指出："我们革命，不是为老婆，为出风头，为吃饭，而是为了人民群众的解放。一切为了群众，否则，革命就毫无意义。"一名党员只要忠于职务并做出一些成绩，就都是为人民服务的，都是人民的勤务员。他是这么说的，也是这么做的，在每一个岗位上兢兢业业，奋力拼搏，为党和人民的事业贡献自己的力量。在成为国家重要领导人后，他依旧把自己看作勤务员。在他看来，"我们所有的领导人都是为人民服务的，是人民的公仆，是人民的勤务员，没有权利当老爷。""一切共产党员，不论职位多高，都是人民群众的勤务员，都应该把自己看成普通劳动者，没有任何特权，都必须关心群众生活，和群众同甘共苦。"在接见全国劳动模范时传祥同志时，刘少奇说："你掏粪是为人民服务，我当国家主席也是为人民服务，我们都是人民的勤务员。革命工作只有分工不同，没有高低贵贱之分。"他也曾跟身边的同志说："我跟你们一样，也是侍候人的，只不过侍候的人更多一些。其实，我们大家都是侍候人的，每个人又都受别人侍候，这不就是为人民服务吗？我看不出有什么比使人感到幸福愉快更高尚的事。"

　　（来源：刘少奇同志纪念馆官网，2018 年 9 月 8 日，《把自己当作人民的儿子，人民的勤务》，http://www.shaoqiguli.com）

（十）刘胡兰纪念馆

　　刘胡兰纪念馆坐落在刘胡兰家乡——山西省文水县刘胡兰村，始建于 1956 年，1957 年 1 月 12 日刘胡兰就义十周年时落成开放。该馆坐北朝南，占地 79000 余平方米，主要纪念建筑物以毛泽东题词碑和烈士陵墓为中轴线对称分布。

步入馆门是1万多平方米的广场，毛泽东题词纪念碑矗立在广场中央，碑的正面镌着毛泽东题词："生的伟大，死的光荣"；背面刻着郭沫若书写的《中共中央晋绥分局关于追认刘胡兰同志为中国共产党正式党员的决定》。

纪念碑后面是刘胡兰史迹陈列馆，这里陈列着刘胡兰的遗物和反映她生平事迹的绘画、雕塑、照片、文献资料等；陈列馆连着碑廊，碑廊北连刘胡兰事迹影视室、纪念刘胡兰书画展览室；甬道北端是一座古典建筑——七烈士纪念厅，厅内陈列着反映七烈士刑场斗争的群体雕像和六烈士的画像、遗物。

刘胡兰忠骨安葬在陵园北端高台上，墓前是刘胡兰的汉白玉雕像，雕像东侧是观音庙，刘胡兰被捕、受审、就义的遗址。西侧是碑亭，亭内陈放着中央人民政府北方老根据地访问团晋绥分团1951年给刘胡兰烈士竖立的墓碑。

>> 拓展阅读

刘胡兰：生的伟大，死的光荣

刘胡兰，女，1932年出生在山西省文水县云周西村一个贫苦农民家庭，小小年纪，便对黑暗的旧社会产生了强烈的不满。全国抗战爆发后，中国共产党领导山西人民开展救亡运动，文水县也成立了抗日民主政府。从此，刘胡兰开始逐步接触革命道理，懂得了一个人怎样才能活得有价值、死得有意义。

刘胡兰积极参加村里的抗日儿童团，和小伙伴一起为八路军站岗、放哨、送情报。有一次，八路军包围了敌军一个团，县妇女部长奉命组织民兵担架队支援前线。刘胡兰和几名妇女也要支前。部队首长劝她们："前面正在打仗，很危险。"刘胡兰果敢地回答："战士们都不怕，我们是女民兵，也不怕。"她们在前线表现得十分勇敢，不但为伤员包扎伤口，还帮助战士们运送弹药，一直忙到天黑，战斗结束才撤回来。这时的刘胡兰才13岁。

抗日战争胜利后，国民党阎锡山部队占领了文水县城，解放区军民被迫拿起武器，保卫胜利果实。1945年11月，刘胡兰参加县党组织举办的妇女训练班，40多天的学习，使她懂得了许多革命道理，阶级觉悟有了进一步提高。回村后，她担任云周西村妇救会秘书，与党员一起发动群众斗地主、送公粮、做军鞋，还动员青年报名参军。刘胡兰在斗争中得到了进一步的锻炼成长，于1946年6月被批准为中共候补党员。这一年，她才14岁。

1947年1月12日，刘胡兰被国民党军和地主武装抓捕。在敌人威胁面前，她坚贞不屈，大义凛然地说："怕死不当共产党！"敌人没有办法，将同时被捕的6位革命群众当场铡死。但她毫不畏惧，从容地躺在铡刀下。她以短暂的青春年华，谱写出永生的诗篇，以不朽的精神，矗立起生命的宣言。

1947年3月下旬，毛泽东带领中共中央机关转战陕北途中，中共中央书记处书记、中央纵队司令员任弼时向他汇报了刘胡兰英勇就义的事迹，毛泽东问："她是党员吗？"任弼时说："是个优秀的共产党员，才15岁。"毛泽东深受感动，挥笔写下了"生的伟大，死的光荣"8个大字。

（来源：中国网，2019年4月19日，《刘胡兰：生的伟大，死的光荣》https://news.china.com/zw/news/13000776/20190419/35713791.html）

（十一）百色起义纪念馆

百色起义折射了中国共产党百折不挠、实事求是、依靠群众、团结奋斗的斗争精神。为纪念百色起义斗争，弘扬百色起义精神，于1961年建设了纪念馆，原名"右江革命文物馆"，1996年更名为百色起义纪念馆。纪念馆内设"序幕厅""百色风雷""革命英杰""邓小平与百色""建设新百色"等多个展示厅，再现了中国共产党在少数民族聚居地区举行百色起义和开辟右江革命根据地的斗争历史，展示了邓小平、张云逸、韦拔群、雷经天等革命先辈的光辉业绩，展现了革命老区各族人民在中国共产党领导下，在社会主义建设事业中所取得的成就。

百色起义纪念馆大门四根粗大圆柱稳稳地支撑着皇冠形的外廊，象征着百色人民顶天立地、气壮山河、砥柱中流的气魄。在大门上方的正中，镌刻着江泽民总书记题写的"百色起义纪念馆"七个行书镏金大字。大门两侧分别是高7.3米、宽8.9米的浮雕，栩栩如生地再现了"土地革命"和"武装斗争"的场面。馆内设"百色风雷""革命英杰""邓小平与百色""建设新百色"等多个展厅，共展出文物270余件，图片1000余幅，场景16处。

>> 拓展阅读

百色起义的忠诚底色

邓小平、张云逸、韦拔群等老一辈革命家率领红七军发动了威震南疆的百色起义，点燃了少数民族地区革命事业的宏伟火炬，开启了中国工农红军第七军的革命征程。红七军从星星之火到发展壮大，这支衣衫褴褛的部队始终发扬百折不挠、实事求是、依靠群众、团结奋斗的百色起义精神，前仆后继、披肝沥胆，为党和人民的解放事业谱写了壮丽的忠诚篇章。

百折不挠锻造忠诚之要

翻开历史长卷，回顾红七军革命历程，就会发现有这么一群一旦相信了就始终跟着走、一旦认定了就坚持不放弃的革命者。与毛泽东、彭湃并称为中国革命三大农民领袖的韦拔群，至今他的英雄故事依然还在广为流传。他生前没留下一张照片，头像是根据旁人回忆绘制的。家人几乎为中国革命全部牺牲，他被叛徒杀害，头颅被辗转挂在多个城头示众。他给自己的孩子取名韦革命、韦坚持、韦到底，他们都惨死于敌人的刺刀之下。出生富裕之家的韦拔群，前程大好，多次可以出人头地加官进爵。26 岁时，广西省长请他当县长，他严词拒绝，毅然投身革命。毛泽东称赞他是广州农讲所最好的学生，读了半本马列，红了半个中国。邓小平为他题词，说他不愧是模范的共产党员，始终英勇顽强、百折不挠。韦拔群从小立志为劳苦大众翻身谋解放，参加过北伐，见过孙中山，一次又一次探寻真理，一次又一次淬火信念，在 31 岁那年如愿以偿参加了党在广州创办的农讲所，找到了信念之火、信仰之光。回到广西，他创办广西农民运动讲习所，传播革命火种，播撒真理种子。红七军主力北上后，他坚守右江根据地，睡山林、住岩洞、吃野菜、啃树皮，敌人没有打倒他们，困苦没有压垮他们，革命火种不但没有熄灭，反而更加照亮了右江大地。

共产党人就是以这种矢志不渝追求真理的意志信念引领红军将士一路披荆斩棘、浴血奋战。红七军 1930 年离开百色北上远征，转战 5 省，历时 10 个月，行程 7000 多里，经历了无数艰难险阻，冲破多次围追堵截，大小战斗百余次，牺牲 5000 多人。1931 年 7 月到达中央苏区，毛泽东亲切地称为"千里来龙"。虽然损失惨重，但这次伟大、光荣的远征无疑是百折不挠精神的生动体现。

实事求是淬炼忠诚之魂

在漫长的革命斗争实践中,以邓小平同志为代表的七军领导人们始终如一地保持了实事求是这一思想特色和政治品格,在几次重要关头,挽救了革命事业,壮大了革命的硕果。《七军工作报告》中有这样一段表述,"过去七军的中心错误是处处以军事为中心来决定一切问题,不是以群众为中心来决定一切问题的错误路线,结果常常处于被动地位。"邓小平深刻反思了百色起义期间的十一条工作错误,这是共产党人最早的政治觉醒和个人品格。众所周知,百色起义是1929年12月11日爆发的,但远在上海的党中央的要求是邓小平和张云逸务必于11月初宣布起义。当时整个中国革命进入低谷,起义各项条件都不成熟、不充分,面临两难抉择的邓小平火速召开了前委会,决定再用40天时间加紧准备。事实证明,正是由于这一结合实际情况作出的精准判断,确保了起义的成功。

起义成功后,准备开展土地革命的邓小平深切体悟到,少数民族地区不能照搬其他苏区的经验,更不能生搬硬套条条框框。他带头走进壮乡瑶寨,根据实际分析估量,颁布了《土地暂行条例》《共耕条例》等系列政策,让少数民族同胞第一次拥有了自己的土地,让党在壮乡一呼百应。右江革命根据地得到了空前的巩固和发展,可以说壮乡的土地革命本质上就是实事求是的土地革命。

依靠群众筑牢忠诚之基

军队打胜仗,人民是靠山。百色起义的成功发动离不开广泛的群众基础。百色起义纪念馆里陈列着一根马鞭,乍一看,平淡无奇,但这根毫不起眼的马鞭,却是镇馆之宝,蕴藏着一段珍贵的革命往事。百色起义后,邓小平忙于走村串户,访贫问苦。1930年的一天,邓小平在村里开完会后,遗忘了随身携带的马鞭,而马鞭恰好被林凤区苏维埃政府炊事员黎爱廷捡到,他打算再次见到邓小平时亲手交给他。谁知,不久邓小平就率部离开了。敌人反攻根据地时,为了不暴露邓小平行踪,黎爱廷把马鞭藏在自家墙缝中。敌人为了逼供,烧毁了他的房屋,他始终没有吐露半个字,马鞭幸运地保存了下来。黎爱廷去世后,他的外甥将这根马鞭捐给了纪念馆。马鞭虽小,却体现了壮乡人民对红军的拥护爱戴和深情厚谊。

纪念馆中,有一台原始的印刷机与马鞭遥相呼应,格外引人注目。它印刷过红七军创办的第一张铅印报纸《右江日报》,直到1999年,才作为文物收藏于纪念馆。《右江日报》至今还在出刊,旗帜鲜明地宣传党的路线、方针、政策,始终把群众团结在党的周围,赢得了广泛的拥戴与支持,见证了红七军联系群众、服务群众、教育群众、凝聚群众的那段峥嵘岁月。

团结奋斗浇铸忠诚之本

星星之火，可以燎原。百色田东有一个村庄，它是百色起义的红军村，在这里打响了百色起义的第一枪，史称"恩隆暴动"。革命时期，百谷村86户人家，有85户131人参加革命，这些蒙化未开的壮族同胞，换身衣服，拿起枪支，就成了不怕牺牲的红军战士。中国共产党人就是以这种精神的力量、信仰的力量，团结了一切可以团结的人，改造了一切可以改造的人，塑造了一切可以塑造的人。百谷村的革命群众，在最穷困潦倒、最没有人格尊严、最不名一文的时候，内心有一个坚定的愿景，那就是，跟着共产党，一定有好日子过！

1932年，红七军独立营300余人在巴暮被5000多敌人围困，营长为了掩护主力，带领80人把敌人吸引到三面险坡。在敌人的重炮轰击下，这80人团结一心，浴血奋战三天三夜，最后只剩下16人。在敌人的威逼利诱下，16名勇士没有一个屈服，他们表现出了空前的团结和大无畏精神，在弹尽粮绝的情况下紧抱匪兵毅然决然跳下万丈悬崖……这些人在广西最黑暗的时候，用信仰表现出了舍生忘死、改天换地的伟大力量。

（来源：人民网，2020年7月20日，《百色起义的忠诚底色》http://dangshi.people.com.cn/n1/2020/0720/c85037-31789237.html）

（十二）遵义会议纪念馆

遵义会议会址，是具有伟大历史意义的遵义会议召开的地方，位于贵州省遵义市红花岗区子尹路96号。会址房屋原为国民党军第25军第二师师长柏辉章的私邸，建于20世纪30年代初，建筑物由主楼和跨院两部分组成。主楼坐北朝南，为中西合璧砖木结构建筑，一楼一底。整栋主楼通道面阔25.19米，进深17.01米，通高12米，占地面积528平方米，建筑面积428.48平方米。遵义会议会议室在二楼（一楼作战室的楼上），是一间长方形的房间，面积27平方米。墙上有挂钟和两个壁柜，壁柜上有一面穿衣镜。屋子正中是长方桌，四周围有一圈木边藤心折叠靠背椅，桌下有一只古老的木炭火盆。遵义会议期间，红军总司令朱德，总政委周恩来，总参谋长刘伯承住二楼，彭德怀、杨尚昆、刘少奇、李卓然等住一楼，总司令部一局作战室设在一楼。跨院在主楼的南面，是柏辉章未建主楼前的老屋，是黔北民居四合院风格的建筑，坐东向西，由东屋、北屋、南屋、西屋四部分组成，建筑面积334平方米。遵义会议期间，红军总司令部的警卫人员、机要人员在这里办公和住宿。红军总司令部与一、三、五、九军团，二、六军团，四方面军，江西苏区中共分局的往来无线电在这里发出、接收。主楼和跨院之间伸出一船形的楼房，原是柏家制作酱料及收晒豆子的晒房，遵义会议期间是红军总司令部厨房。

遵义会议是在红军第五次反"围剿"失败以及长征初期严重受挫的情况下，为了纠正"左"倾教条主义在中央的错误统治，挽救红军和中国革命而召开的。会上，首先由博古作关于反对敌人第五次"围剿"的总结报告（即主报告）；周恩来作军事问题报告（即副报告）；张闻天作批判"左"倾错误路线的报告（史称反报告）；毛泽东作了长篇发言，批判博古、李德在第五次反"围剿"战争中和长征以来的军事指挥错误，正确阐述了中国革命战争的战略问题，尖锐抨击博古、李德在军事上只知道纸上谈兵，而完全不考虑中国革命的实际情况。王稼祥、朱德、陈云、刘少奇等绝大多数与会者发言支持毛泽东的正确主张。会议通过了四条决定："1.毛泽东增选为政治局常委；2.指定张闻天（洛甫）起草会议决议，委托常委审查后发到支部中去讨论；3.常委中再进行适当分工；4.取消"三人团"，仍由最高军事首长朱德、周恩来为军事指挥者，而周恩来为党内委托的对于指挥军事上下最后决心的负责者。"毛泽东进入党和红军的核心领导班子，体现了党心军心的最大意愿，是最大的民主体现。遵义会议因此成为党和红军生死攸关的重大历史转折。

遵义会议明确地回答了红军的战略战术方面的是非问题，指出博古、李德军事指挥上的错误，同时改变了中央的领导特别是军事领导，解决了党内所面临的最迫切的组织问题和军事问题，结束了"左"倾教条主义在中央的统治，确立了毛泽东在中共中央和红军的领导地位。而这些成果，又是在中国共产党在同共产国际中断联系的情况下独立自主地取得的。这次会议，在极端危急的历史关头，挽救了党，挽救了红军，挽救了中国革命。从此，中国共产党能够在以毛泽东为代表的马克思主义正确路线领导下，克服重重困难，一步步地引导中国革命走向胜利。遵义会议是党的历史上一个生死攸关的转折点，它标志着中国共产党在政治上开始走向成熟。

>> 拓展阅读

遵义会议是党的历史上一次具有伟大转折意义的重要会议

遵义会议的召开，结束了"左"倾教条主义在中央的统治，改组了中央领导机关，确立了毛泽东在红军和中共中央的领导地位，使中国共产党走上了正确轨道，实现了伟大历史转折。遵义会议使中共中央和红军得以在极其危急的情况下保存下来，为中国革命从挫折走向胜利提供了重要保证。

遵义会议把马克思主义基本原理同中国具体实际相结合。列宁指出，把马克思主义基本原理同东方半殖民地半封建国家的革命实践结合起来，是东方共产主义者的一个重要任务。在中国这样一个半殖民地半封建东方大国进行革命，必然遇到许多特殊的复杂问题，只有创造性地运用马克思主义基本原理，实事求是，独立自主地解决中国革命重大问题，才能把革命事业引向胜利。遵义会议期间，以毛泽东同志为主要代表的中国共产党人坚持把马克思主义基本原理同中国革命具体实践相结合，正确解决关系中国革命前途命运的一系列重大问题，包括改组中央领导机构，结束"左"倾教条主义统治，确定中央领导核心等重大问题。从此，中国共产党进一步开创适合中国国情的革命道路，制定符合中国革命实际的战略策略，对中国革命产生深远影响。

遵义会议坚持走独立自主道路。中国共产党成立初期接受共产国际领导，得到许多重要帮助。但是，随着中国革命发展，远在莫斯科远离中国革命实践的共产国际的教条主义"瞎指挥"愈来愈脱离中国实际，导致中国革命多次出现右倾或"左"倾错误。由于长征初期的行动经过共产国际批准，博古、李德在敌情不断变化的情况下始终不敢越雷池一步，坚持向敌人部署重兵的湘西进军，遭到毛泽东同志等的坚决反对。遵义会议是中国共产党坚持走独立自主道路的伟大开端。从遵义会议开始，中国共产党独立自主地确定长征路线，独立自主地实行灵活机动的战略战术，独立自主地根据具体情况不断变换长征方向，独立自主地确定长征最终目的地，独立自主地建立抗日民族统一战线，独立自主地开展抗日游击战争和有利条件下的运动战克敌制胜赢得抗日战争胜利，独立自主地领导解放战争赢得中国革命胜利，独立自主地探索中国社会主义建设道路，独立自主地开辟中国特色社会主义道路。独立自主已经成为中国共产党的重要原则。

遵义会议坚定了正确的政治路线和政策策略。遵义会议之前，"左"倾教条主义者不懂国情民情和中国革命实际，空谈教条，盲目指挥，只唯上，只唯书，一切照"本本"上说的办。从遵义会议到瓦窑堡会议，中国共产党坚决反对和抛弃"左"倾教条主义和"左"倾关门主义，坚持把中国革命的命运与中华民族的命运紧密联系在一起，把军事上的战略转移与政治上的战略转变紧密联系在一起，把长征"落脚点"的确定与建立全国抗日战争的前进阵地紧密联系在一起，把夺取长征胜利同实现国内革命战争向抗日民族解放战争的战略转变紧密联系在一起。遵义会议和长征胜利实现中国共产党"北上抗日"的战略方针，有力推动抗日民族统一战线形成，极大鼓舞中国人民和中华民族团结抗战的信心和勇气，为夺取抗日战争胜利和世界反法西斯战争胜利打下坚实基础。

遵义会议建立起坚强成熟的中央领导集体。中国共产党在遵义会议前经历了陈独秀、瞿秋白、向忠发、王明、博古等五任主要领导，陈独秀犯过右倾错误，瞿秋白犯过"左"倾错误；向忠发缺乏坚定的理想信念和必要的理论素质、政治素质与领导能力，最终成为叛徒；王明、博古是"左"倾教条主义代表人物。所以，遵义会议前一直没有形成坚强成熟的中央领导集体。遵义会议期间，毛泽东同志以丰富的实践经验，卓越的政治远见，高超的政治智慧和实事求是的科学精神，成为遵义会议的核心和灵魂。毛泽东同志政治上的高瞻远瞩，思想上的实事求是，军事上的丰富经验，策略上的深谋远虑，是遵义会议成功的重要条件。历史证明，核心问题极为重要，核心就是旗帜，核心就是凝聚力，核心就是组织力，核心就是战斗力，核心就是影响力。遵义会议确立了毛泽东在红军和中共中央的领导地位，建设坚强成熟的中央领导集体，为中国革命顺利发展和中华人民共和国成立奠定稳固基础。

（来源：《光明日报》，2020年7月29日06版，《遵义会议精神的深刻内涵》）

（十三）芷江抗战受降纪念旧址

中国人民抗日战争胜利受降旧址位于湖南省芷江侗族自治县芷江镇七里桥村，现有面积40820平方米，是中国人民接受侵华日军投降之地。

"烽火八年起卢沟，受降一日落芷江"。1945年8月15日，日本政府宣布无条件投降。8月18日，中国政府在湖南芷江成立了日本投降签字典礼筹备处，8月21日至23日，降使今井武夫飞抵芷江向中国政府宣布无条件投降。8月21日中国政府在芷江举行了震惊中外的中国战区受降典礼，办理侵华日军投降具体事宜，日本投降代表献交了侵华日军兵力分布图，并接受载有各战区日军投降详细规定的备忘录。会后，何应钦向蒋介石请示签字地点是否仍维持重庆商议在芷江举行，8月22日蒋介石复电：签字地点决改南京。8月23日下午2时30分，日方投降代表乘原机返回南京。随后中国战区受降全权代表何应钦在芷江指挥部署了全国16个受降区和101处缴械点的受降事宜，签发24份备忘录，史称"芷江受降"。

"芷江受降"宣告了日本帝国主义灭亡中国的美梦彻底破产，写下了中国近现代史上洗雪百年国耻，抵御外敌入侵首次最光辉的一页，中国人民经过"十四年抗战"，终于赢得了最后的胜利，"芷江受降"永远定格在历史的坐标点上，永载历史史册。

受降旧址于1985年正式对外开放，由一园三馆（和平园、中国人民抗日战争胜利受降纪念馆、湖南抗日战争纪念馆、飞虎队纪念馆）组成，主要包括抗日战争胜利受降纪念坊、中国战区总受降旧址（受降会场旧址、中国陆军总司令部旧址、何应钦办公室旧址）、中美空军联队指挥塔旧址、中美空军联队俱乐部旧址、太和塔等纪念性构筑物和少量辅助建筑物。

>> 拓展阅读

芷江：一座见证抗战受降的胜利之城

最后一战

芷江县城东郊，有一座始建于 1936 年目前仍在使用的机场——芷江机场。机场不大，亦不起眼，鲜为人知的是，它曾是"二战"盟军在远东的第二大军用机场，中日双方的这次会战，就是围绕这座机场而展开的。

1945 年 4 月，第二次世界大战已趋近尾声。欧洲战场，德国法西斯濒临覆灭；太平洋战场，日本法西斯节节败退，已呈强弩之末，但中国战场的日军仍在困兽犹斗。此时的芷江机场是美国空军在中国最大、最接近前线的空军基地，经过扩建和完善，从这里起飞的美军轰炸机能够打击在华日军战略目标，威胁日本本土，被日军视为眼中钉肉中刺。为解除芷江机场这一威胁，日军集结兵力 8 万余人，兵分三路，发动了对湖南最后一次，也是对中国战场最后一次进攻作战，企图合围芷江机场，摧毁中美空军前沿阵地，并一举占领湘西，威胁重庆，挽救其行将灭亡的命运。此役是为芷江会战，亦称湘西会战、雪峰山会战。

经历了抗战时期的防御、相持、反攻三个阶段，此时的中日双方军力已经逆转。芷江会战历时两个月，在中美空军掌握制空权和多支中国精锐部队的打击下，日军惨败。中国军队歼敌 2.8 万余人，取得了抗战正面战场最后一役的完胜。此后，日军在中国战场彻底停止进攻作战，直至投降。

光荣受降

当年的"芷江受降"所在地位于芷江县七里桥村。1995 年，为纪念抗日战争胜利五十周年，依托"芷江受降"旧址建起了中国人民抗日战争胜利受降纪念馆。芷江成为中国人民抗战胜利受降地是有原因的。芷江位于湘西腹地，素有"黔楚咽喉"之称，战略位置非常突出，抗战时期作为抗战前线的后方，抗战后方的前线，是重要的军事基地和中美空军联队的大本营，拥有较为强大的军事力量。芷江因其得天独厚的条件，最终成为中国人民抗战胜利受降地，拉开了中国战区受降的序幕。

1945年8月21日至23日，"芷江受降"历时3天。日方交出了百万侵华日军兵力部署图，接受了载有命令侵华日军投降详细规定的备忘录。见证了中国正面战场最后胜利一战的芷江，最终又让日本法西斯在此低下了不可一世的头颅，"芷江受降"也写下了中华民族抵御外侮的光辉一页。"芷江受降"后，中国战区先后在16个地区举行受降仪式，至1945年年底，侵华日军被全部解除武装。中国人民赢得了百余年来抵御外来侵略的伟大胜利，正如重庆《新华日报》发表的社论指出："半世纪的愤怒，五十年的屈辱，在今天这一天宣泄清刷了；八年间的死亡流徙、苦难艰辛，在今天这一天获得报酬了。中国人民骄傲地站在战败了的日本法西斯侵略者前面，接受了他们的无条件投降，这是怎样的一个日子呀！"

见证历史

受降纪念馆内耸立着一座被称为"中国凯旋门"的国内纪念抗战胜利的标志性建筑——"受降纪念坊"。纪念坊建成于1947年8月，高8.5米，宽10.64米，为四柱三拱牌坊式建筑。这座纪念坊，记录了中国抗战胜利受降的荣光，不仅是中国人民抗日战争胜利的历史见证和重要标志，更是中华民族伟大不朽的历史丰碑。

芷江见证着中国军人的浴血奋战。芷江会战中，在武冈的中国军队以一个营的兵力与10倍之敌血战7天7夜，力保阵地不失。武阳驻军一个连队与数倍于己之敌苦战4昼夜，全部壮烈牺牲。20万热血青年在这里浴血奋战、英勇杀敌，打垮了日军在中国的最后一次进攻。

芷江见证着军民一体共御外侮。为修建芷江机场，来自芷江等11个县的近两万民众，没有机械作业，在极端艰苦的条件下，挖土、运土、滚压，靠人工用三四十吨重的大石碾子碾压出远东第二大军用机场，并且在日机屡次轰炸之后迅速修复机场，保障中美空军及时参战，这是一座不屈不挠的中国人民用血肉筑成的机场。

芷江见证着中外正义力量并肩作战。苏联援华空军志愿队曾进驻芷江机场，多次参与作战。美国"飞虎队"克服前期战机配件不足和油料弹药短缺等不利条件，日渐发展壮大，在芷江机场最多时拥有战机近400架，逐渐夺取了制空权。

芷江见证着国共团结协作一致抗敌。芷江会战中，中国共产党领导的抗日武装积极参战，多次与国民党军队共同抗敌。在夹击三角坳日军主阵地中，歼敌千余人。正是这些正义力量的存在，才能"止战"并赢得战争的最终胜利。

抗战全面爆发后,在中华民族最危险的时刻,举国上下,地不分南北,人不分老幼,以巨大的牺牲捍卫了民族尊严。从此,民族意识空前觉醒,古老的中国凤凰涅槃,浴火重生,为中华民族的最终解放独立奠定了基础。芷江会战的胜利拉开了抗日战场反攻的序幕,"芷江受降"标志着百年的屈辱得到了洗刷。从芷江这座胜利之城,我们深切感受到了"天下兴亡、匹夫有责的爱国情怀,视死如归、宁死不屈的民族气节,不畏强暴、血战到底的英雄气概,百折不挠、坚忍不拔的必胜信念"。

(来源:《学习时报》,2020年9月18日第6版,《芷江:一座见证抗战受降的胜利之城》)

(十四)抗美援朝纪念馆

抗美援朝纪念馆位于辽宁省丹东市鸭绿江畔的英华山上,与朝鲜民主主义人民共和国新义州市隔江相望,是全国唯一全面反映中国人民抗美援朝战争和抗美援朝运动历史的专题纪念馆。

抗美援朝纪念馆园区总占地面积18.2万平方米,由纪念馆、纪念塔、全景画馆、国防教育园组成,馆藏抗美援朝文物2万余件。其中,纪念馆建筑面积2.38万平方米,以"抗美援朝,保家卫国"为基本陈列主题,设置了序厅、抗美援朝战争厅、抗美援朝运动厅、中朝友谊厅、中国人民志愿军英烈厅、纪念厅等,全面、客观、真实地再现了伟大的抗美援朝战争和抗美援朝运动的光辉历史。

抗美援朝纪念塔高53米,寓意1953年抗美援朝战争取得伟大胜利,塔体为方形中空式,灰白色花岗岩贴面,正面镶嵌着邓小平同志题写的"抗美援朝纪念塔"七个镏金大字,塔的下部是由旗帜、鲜花、彩带组成的汉白玉塔花,代表和平、胜利和友谊。塔的背面镌刻有颂扬中国人民志愿军丰功伟绩的塔文。塔体两侧镶嵌有大理石制作的"和平万岁纪念章"。四个塔墩上铸有四组大型群雕,分别为抗美援朝战争、抗美援朝运动、志愿军空军和钢铁运输线。纪念塔前大台阶宽10.25米,寓意10月25日为中国人民志愿军抗美援朝出国作战纪念日。大台阶中部为牌楼,寓意志愿军凯旋。牌楼与塔基之间设有5层缓步台,寓意抗美援朝战争运动战时期的五次战役。进馆台阶共由1014块条石砌成,寓意志愿军将士在朝鲜奋战的1014个日日夜夜。

全景画馆是圆柱形密闭堡垒式建筑,直径44.6米,高24米,面积3150平方米。馆内陈列有周长132.15米、高16米的大型全景画《清川江畔围歼战》,并设有1100平方米表现各种战斗场景的地面塑型，配有烘托战争场面的灯光、音响效果，生动、艺术地再现了抗美援朝第二次战役中，志愿军在清川江畔，围歼以美国为首的"联合国军"的壮观战斗场面和气势恢宏的战争氛围。

国防教育园内陈列抗美援朝时期及中国人民解放军在发展和壮大过程中使用的重要装备，其中抗美援朝时期中国人民志愿军使用过的重要装备，如单管37毫米高射炮、苏式T-34坦克、苏式122毫米榴弹炮、苏式喀秋莎火箭炮发射架、85毫米加农炮等，是非常珍贵的战争见证物；米格-15战斗机、图-2型轻型轰炸机是中国人民志愿军空军组建时期使用的主要机型。

▶▶ 拓展阅读

长津湖战役

长津湖战役是抗美援朝战争第二次战役东线作战的主要战役。长津湖地区山高水恶，人烟稀少，冬季气候异常寒冷，滴水成冰。我第20军、第26军、第27军组成的志愿军第9兵团，在极其险恶的战场环境和劣势武器装备下，发扬英勇顽强、不怕牺牲的战斗精神，连番苦战，于11月27日至12月12日，予美陆战第1师和步兵第7师以歼灭性打击，掰断了麦克阿瑟总攻势的右翼铁钳，彻底扭转了东线战场的局势。

战略上诱敌深入，主动布局，隐蔽入战，棋高一筹。第一次战役结束后，敌军虽遭打击，其西线部队全部撤至清川江以南，但我军并未进行大规模追击，麦克阿瑟坚信中国只是"象征性出兵"，计划发起"圣诞节结束朝鲜战争的总攻势"，以美第10军经长津湖西进、美第8集团军由清川江北上，形成钳形攻势，两军在江界会合衔接后，围歼中朝军队，再向中朝边境推进，赶在鸭绿江冰封前抢占全朝鲜。

早在11月5日，毛泽东即电告前线，要求刚刚抵达东北的第9兵团全力担负东线作战任务，"以诱敌深入寻机各个歼敌为方针"。志愿军司令部也决定，在东线战场，以第42军一部在黄草岭等地节节抗击，诱敌深入，掩护第9兵团进入预定作战地域，寻机歼灭美陆战第1师，而后视情扩大战果。

长津湖地区的典型高原山地地形，一定程度上限制了美军机械化部队的行军路线，是进行伏击战的理想地带。彭德怀将预设战场选定在柳潭里和下碣隅里一线，战后证明是非常高明的战略布局。因为这一带通往江界只有一条简易公路，而美陆战第1师指挥所设在下碣隅里，保障右翼的美第7师第31团战斗群在新兴里，陆战第1师主力第5、第7团战斗群在柳潭里，彼此在地形上被长津湖天然地分割开来，有利于志愿军分割围歼。

从11月上旬开始，我第9兵团第20军、第27军（欠第94师）约8万人，昼宿夜行，躲过美军飞机的严密侦察，悄然进入了长津湖战区的柳潭里、新兴里附近，秘密完成了战役集结，悄无声息地潜伏到敌人鼻子底下，进入了攻击战位。战后，"联合国军"将第9兵团的这一隐蔽开进称为"当代战争史上的奇迹"。

战术上坚持穿插迂回，分割包围，断敌侧后的打法。11月27日下午，第9兵团突然发起攻击，第27军从正面猛攻，第20军则从侧后实施迂回，至28日晨，完成了对长津湖地区美军的分割包围，形成了柳潭里、新兴里、下碣隅里等几个包围圈，战场态势对志愿军极为有利。但此时美陆战第1师展示了其作为王牌部队的强悍战斗力，面对"从天而降"的志愿军，马上组织起用大炮和坦克构筑的环形防御攻势和远近结合的密集火力网，并不时组织反击，加上绝对的空中优势，其被志愿军分割包围在柳潭里、下碣隅里、古土里等数个据点，却无一被攻破。在此后几天，长津湖各处美军的反扑均被击退，但志愿军也因火力不足、冻伤严重，无力攻歼包围圈内的全部敌人，战局呈现僵持态势。

第9兵团对战场形势进行研判后，决定首先消灭相对孤立的新兴里美军。11月30日晚，第27军的4个团对新兴里之敌发动全面攻击，另以1个团的兵力进行迂回包抄，断敌至后浦、泗水里的退路，激战至12月2日下午，新兴里战斗结束，歼灭美步兵7师第31团级战斗队（北极熊团）大部约3191人，连续击毙麦克里安和费斯两任指挥官，缴获由美国总统威尔逊授予该团的"北极熊旗"。"北极熊团"被围歼，东线美军即刻全线动摇，阿尔蒙德命令柳潭里美军向南收缩至下碣隅里，而后共同南下突围逃跑。

战斗上发扬了不畏强敌、勇猛进攻、坚韧顽强的战斗精神。12月1日，柳潭里美军陆战第1师第5、第7团主力，经困水里、死鹰岭开始向南突围，沿途遭我军顽强阻击，在付出大量的伤亡后，用3天时间完成了22公里艰难行军，撤退至下碣隅里。第9兵团再次调整部署，决定以正在赶来的第26军为主力，继续围歼集结在下碣隅里的美陆战第1师。12月6日拂晓，当第26军因风雪弥漫、道路不熟尚未到达时，美陆战第1师在大量航空兵、坦克的掩护下，开始从下碣隅里突围南逃。

我阻击部队在零下30摄氏度左右的严寒气候下，克服饥寒交加、冻伤减员严重等困难，顽强作战，在堡后庄、龙水洞等地区予敌重创。敌军经东山、古土里、真兴里一路遭遇志愿军强力阻击，狼狈逃窜，迭遭重击，损失之大，前所未有，美国人称其为"陆战队历史上最为艰辛的磨难"。至12日，美陆战第1师在美步兵第3师接应下，到达五老里，逃出了志愿军的重围。

战役述评。此役，面对空前强大的美军王牌部队陆战第1师，面对严酷的恶劣天气和绝对的装备劣势，志愿军官兵继续发扬了英勇顽强、不怕牺牲的战斗意志和精神，以超强的意志力和顽强的坚忍力，以一往无前的大无畏精神和钢铁般的战斗意志，忍冻挨饿，勇猛战斗，涌现出抱着炸药包与敌同归于尽的"特级战斗英雄"杨根思，以身体构成火炮基座壮烈牺牲的"一级英雄"孔庆三，坚守战位、以战斗队形姿态牺牲的英雄冰雕连等一大批英勇悲壮的战斗英雄和团体。经此一役，本不为外人所知的偏僻地区长津湖，永远铭刻在人类军事史册上，有力扭转了朝鲜战局，为争取抗美援朝战争的最终胜利奠定了基础。正如毛泽东所说："九兵团此次在东线作战，在极困难条件之下，完成了巨大的战略任务。"

长津湖之战，中国军队打出了自己的威风、血性和精气神，让世界看到中国是一股"不可辱"的力量。人民军队的战斗力和敢打必胜的血性铁骨，让世界各国尤其是欧美国家大为震惊。此役缺憾有二：一是未能围歼美陆战第1师，其大部逃脱，没有完全实现既定战役目标；二是我军非战斗减员和作战伤亡较大。此役，我军歼敌13000余人，同时也付出了相当大的代价，减员严重。战役结束后，骁勇善战的我第9兵团不得不因减员过多而转入战场休整。毛泽东在给志愿军总部并第9兵团的电报中也称"由于气候寒冷、给养缺乏及战斗激烈，减员达四万人之多，中央对此极为怀念"。

究其原因，一是武器装备落后，加上缺乏对美军作战经验，部分部队有轻视之意，对其极为强大的轻重火力、装甲部队和空中支援估计不足，尤其在多次进攻作战中，缺乏攻坚武器，而且敌军拥有绝对的空中优势，容易在敌军密集火力下遭到较大损失。二是为扭转东线战局，部队紧急入朝，应对长津湖战区山高路险、极度严寒、人烟稀少等气候地理环境的准备严重不足，后勤保障补给能力弱，御寒物资和粮食供应极端困难，导致大量的冻饿减员，战斗力大幅下降，使作战受到了严重影响。可以说，我军在战略、战术上虽然成功，但残酷恶劣的作战环境、落后的武器装备和后勤补给能力影响了我军的战术执行、战斗效果和最终的战役成果。

（来源：中国青年网，2021年10月5日，《长津湖战役为什么志愿军能胜？》，https://baijiahao.baidu.com/s? id=1712744855461343517&wfr=spider&for=pc）

（十五）湖南雷锋纪念馆

长沙市望城区雷锋街道正兴路 42 号，坐落着一群庄严典雅的建筑，在苍松翠柏之中，显得格外庄重、肃穆，这就是全国爱国主义教育示范基地——湖南雷锋纪念馆。湖南雷锋纪念馆占地面积 104000 平方米，建筑面积 14000 平方米，内有雷锋故居、雷锋生平事迹陈列馆、湖南党史陈列馆、领袖名人题词碑廊、雷锋塑像广场、"向雷锋同志学习"巨型艺术墙、长沙国防教育馆、元帅广场、青少年素质教育实践基地和长沙道德讲堂总堂等。

湖南雷锋纪念馆的前身，是 1963 年 4 月原长沙县坪山公社长城大队荷叶坝完小（今长沙市雷锋学校）附设的"雷锋生平事迹展览室"。陈列内容分为四个部分，分别介绍了雷锋在旧社会的苦难家史和生活，雷锋由一个孤儿成长为伟大的共产主义战士的历程，雷锋一生平凡而伟大的模范事迹，党和国家领导人的题词和全国各条战线学习雷锋高潮的兴起和发展。在这些陈列内容中，有各种珍贵的照片、图片 130 幅，有出自我国著名雕塑家的雕塑 3 座、泥塑 3 组，各种实物包括雷锋生前各个时期的遗物共 113 件。

>> 拓展阅读

雷锋：全心全意为人民服务的楷模

从长沙市岳麓区出发，沿着雷锋大道向北行，大约经过三四公里，看到一尊巨型雷锋头像艺术雕像，就到了雷锋的家乡——长沙市望城区。

雷锋，湖南省望城县（今长沙市望城区）人。1940 年出生，7 岁沦为孤儿。中华人民共和国成立后，雷锋获得了新生。在党和政府的关怀下，他参加了儿童团。在小学读书期间，他第一批加入中国共产主义少年先锋队。小学毕业后，他当过记工员、通信员、拖拉机手，1957 年 2 月加入青年团。

1958 年 9 月，雷锋响应国家号召，到辽宁鞍山当了一名推土机手。11 月被分配到鞍钢化工总厂洗煤车间工作。他工作积极，埋头苦干，多次被评为"红旗手""劳动模范""先进生产者"和"社会主义建设积极分子"，出席了鞍山市青年积极分子代表大会。1960 年 1 月应征入伍，同年 11 月加入中国共产党。

雷锋是一位伟大的共产主义战士，他牢固地树立了全心全意为人民服务的思想和为共产主义奋斗终生的远大目标。他忠于党、忠于人民、忠于祖国、忠于社会主义；以"钉子"精神挤时间刻苦学习党的理论著作和科学文化知识，不断提高为人民服务的本领；以甘当"螺丝钉"的精神，干一行、爱一行、钻一行，在平凡的岗位上作出了不平凡的事迹。连队分配他当汽车兵，他努力钻研驾驶技术，成为一名合格的汽车驾驶员。担任班长后，他事事模范带头，带领全班成为部队先进集体。他对共产主义事业无限忠诚，热爱人民群众，热爱集体，关心战友，把"毫不利己，专门利人"看作最大的幸福和快乐，并身体力行，认真实践，"把有限的生命投入到无限的为人民服务之中去"。他生活节俭，省下的钱用来帮助受灾群众和家庭困难的战友，并常常利用节假日和休息时间到部队驻地附近为群众做好事。他曾担任校外辅导员，经常用自己的模范行动影响和激励少年一代健康成长。他谦虚谨慎，从不自满自炫，受到赞誉不骄傲，做了好事不留名。出差时，他一上火车就为旅客端茶送水，打扫卫生，群众称赞道："雷锋出差一千里，好事做了一火车。"

1962年8月15日，雷锋在执行运输任务时殉职。在部队生活2年8个月，他荣立二等功一次、三等功两次，受嘉奖多次，被选为抚顺市人民代表大会代表。

雷锋的模范事迹和高尚思想在军内外产生巨大影响。国防部命名他生前所在班为"雷锋班"。1963年3月5日，毛泽东发出"向雷锋同志学习"的伟大号召。在广泛持久开展的学习雷锋活动中，全军各部队和全国各条战线上涌现出大批雷锋式的英雄模范人物。仅在雷锋的家乡湖南长沙望城区一地，就先后成长起姚建刚、郭德高等7名"中国好人"，"全国道德模范"周美玲，"时代楷模"望城区公安消防大队，以及多名省市"道德模范"等。雷锋精神培育着一代又一代新人，在实现中华民族伟大复兴中国梦的伟大征程中焕发出更加灿烂的光彩。

（来源：中国青年网，2019年8月3日，《雷锋：全心全意为人民服务的楷模》，https://baijiahao.baidu.com/s?id=1640819984511668750&wfr=spider&for=pc）

二、改革开放典型地区

党的十一届三中全会以来，这18个地方坚持解放思想、实事求是、与时俱进，注重把中央的方针政策同本地实际紧密结合起来，紧紧抓住发展机遇，勇于开拓创新，注重完善体制机制，充分利用已有发展条件，努力挖掘发展潜力，不断创造新的发展优势，不仅取得了骄人的发展成就，而且走出了各具特色的发展之路。

（1）上海市浦东新区，坚持以开放促改革促发展，抓住历史机遇，用国际化思路探索城市发展新模式，高起点规划建设基础设施，高标准发展高新技术产业和现代服务业，打造现代化、国际化、多功能新城区，创建国际区域性经济、金融、贸易、航运中心，成为带动上海和长江三角洲地区现代化建设的重要增长极。

（2）江苏省昆山市，利用东依上海的地缘优势，大力实施外向型发展战略，高起点引进先进技术，以国际化带动工业化，以工业化推动城市化，实现了由单一农业向全面现代化的跨越式发展，综合经济实力跃居全国百强县（市）之首，走出了共同富裕、和谐发展的"昆山之路"。

（3）江苏省江阴市，从发展乡镇企业起步，因具有民族特色的大企业集团迅猛发展和成批上市而被誉为"华夏A股第一县"，以"天下第一村"华西为样板的社会主义新农村建设闻名全国，是"苏南模式"的发源地之一。

（4）浙江省义乌市，充分利用市场先发优势，以创业创新为动力，以小商品流通为载体，推进市场化，带动工业化，催生城市化，演进为国际化，把一个贫穷落后的农业小县造就成"全球最大的日用商品批发市场"和实力雄厚的经济强市，创造出"无中生有、无所不有"的义乌奇观。

（5）浙江省温州市，尊重和发挥人民首创精神，以市场取向改革激活发展动力，以促进就业推动全民创业，以商贸兴盛带动工业繁荣，以产业集聚支撑城镇崛起，以构建营销网络创新经济业态，以差异化经营打造品牌经济，以文化创新推动实践创新，从贫穷落后的海港小城发展成为富裕发达的沿海大市，形成了独特的温州发展模式。

（6）福建省泉州市，着力打好"侨牌"，以"三来一补"起步，带动乡镇企业发展，培育优势特色产业，形成众多知名品牌，大力增强县域经济实力，实现城乡协调发展。

（7）山东省威海市，充分利用区位比较优势和文化传统优势，以对外开放总揽发展全局，大力发展对韩贸易和对外经济技术合作，带动体制创新和特色产业培育，成功将区位优势、环境优势转化为经济强势，实现经济发展和环境保护良性互动、人与自然和谐相处。

（8）山东省寿光市，发挥初始的农业比较优势，由农业起步，创新农业生产方式，以农业培养工业，以工业提升经济，靠农业富民，靠工业强市，实现工农互助、城乡互动、工业和农业共同繁荣，城市和农村协调发展。

（9）广东省深圳市，依托毗邻香港、背靠珠三角及广阔内陆腹地的独特地缘优势，抓住经济特区开放开发的先机，以大规模引进外资带动对外经济合作，以发展高新技术支撑产业结构优化升级，以推进自主创新提升产业竞争力，以不断扩大开放促进体制机制创新,从贫穷落后的小渔村发展成为我国南部综合经济实力、技术创新能力、国际竞争力最强的现代化大都市。

(10) 广东省东莞市,大力引进外资,扩大劳动力就业,建立加工贸易基地,培育出口产业集群,形成外向型经济、园区经济、民营经济交相呼应和信息产业、现代服务业互为支撑的发展路子。

(11) 安徽省芜湖市,坚持把自主创新作为核心竞争力的根本,坚持有所为、有所不为,着力培育具有国际竞争力的特色支柱产业,形成了以汽车制造为代表的三大产业集群,探索出中西部地区发挥后发优势的成功道路。

(12) 江西省吉安市,实施以新型工业化为核心的发展战略,兴办工业园区,加速工业崛起,支持和带动农业集约化、产业化,推动城市化,实现工业兴、农业稳、群众富,使贫困的革命老区走上全面小康之路。

(13) 湖南省长沙县,利用毗邻省会和交通便利的条件,吸引外来投资,建设工业园区,发展优势企业和产业集群;坚持以工促农,促进粮食生产和特色农业发展,实现兴工强县、强农富民,成为闻名遐迩的"三湘第一县"。

>> 拓展阅读

从兴工强县到民生立县:理念在创新中超越

位于开元路的长沙县委机关大院于1995年建成启用,曾是星沙的标志性建筑之一。此后,长沙县经济实现跨越式发展,从2001年挺进百强县到去年位列十强县第六位,星沙的天际线也日新月异,而23年未变的县委大院,成了长沙市"最老"的县委机关大院。

"大院外表看上去不年轻了,但内里始终是朝气蓬勃的!"长沙县改革办副主任罗轶慧说,这得益于长沙县历届县委多年来持续进行的一场接力赛,那就是改革创新。

改革开放之初,长沙县通过对广东、江苏、浙江等地的考察,提出了"以乡镇企业为主体,种养业为两翼"的"飞鸟型"经济发展模式,以乡镇企业为主的第二产业首次超过第一产业,成为县域经济发展的主梁和支柱,长沙县成为全省第一批小康县。

上世纪90年代初,长沙县制定了"以开发开放带动县城建设,实现全县经济腾飞"的战略,"兴工强县"成为关键词。一方面继续以乡镇企业为重点,大力推进工业化进程;另一方面,实施"筑巢引凤、外引内联、靠地生财、滚动开发"战略,举全县之力建设星沙开发区，为长沙县新一轮工业发展构筑载体、打造平台。

发展前行之路，并不是一帆风顺。一路先行的长沙县总是比别人更早触及矛盾，更早碰到难关，也总是勇于闯关，一往无前。

以长沙县黄兴镇为例，这里曾是有名的化工之乡，化工厂每年对财政收入的贡献超过10%。因当时考核的主要指标为工业增加值和财政税收，这些化工厂没有任何环保设施便匆匆上马，给当地造成了严重的环境污染，居民苦不堪言。"不要'带血'的GDP！"长沙县痛下决心，依法关停了13家污染企业。从2008年起，长沙县提出"分类考核，统筹发展"战略，率先取消GDP考核指标，引导干部树立正确的政绩观。与之相呼应的是，长沙县还划定了"南工北农"的区域版图，从而形成了"仅以1%的土地创造财富，99%的土地用来保护生态环境"的土地集约发展局面。今天，黄兴镇已成为会展业、临空经济集聚的现代服务业集聚区，就在前不久的农博会上，这个小镇容纳接待了40万中外客商和市民。

从2016年起，长沙县又拉开了"二次创业"的大幕。"强南富北，民生立县，挺进五强"的新蓝图全面铺开，长沙县的综合实力也随之继续高位进位，城乡品质明显提升。

改革与创新不仅仅体现在经济和产业发展上。为更好地使"软环境"服务于经济发展"硬实力"提升，长沙县在关键领域和重点环节的改革创新，也如群星闪耀，层出不穷——

2016年，湖南省首个行政执法局在长沙县成立，原本分散在23个不同行政机关的1600多项行政执法权统一收编，统一执法。从"九龙治水"到"一顶帽子管全盘"，这个开全省先河的部门，自成立以来的两年时间里，共立案1.5万起，未发生一起行政复议被撤销或行政诉讼败诉案。

"改革前一年只能办100多件案子，还要经常熬夜加班。现在一年能办六七百件，反而不用加班了。"长沙县法院推行的"三分式"审理模式，为法官、当事人和律师节省了大量诉讼时间和成本，有效缓解了基层法院"案多人少"的难题。

"最多跑一次"改革风生水起。全县85%以上的审批服务事项网上能办，所有面向个人的事项就近能办，复杂事项一次办成；将园区行政审批时限全部压缩至法定时限的三分之二以内，工商登记全面实行即时办理……

一届接着一届干，永不停歇的改革创新，求新求变的探索精神，汇聚成科学发展的澎湃动力。

改革为了谁，依靠谁？今天的长沙县委愈加坚定：无论县域经济排在哪个位置，民生都要排在首位。于是，该县新增财力的80%都用于民生工程，并获评"中国最具幸福感城市（县级）"。也正是由于坚持富民惠民，长沙县赢得了高质量发展的群众基础。

从"兴工强县"到"民生立县"，发展理念的大跨越，源于长沙县县域经济的拾级而上、稳健跨越，既是一份自信，也是一份情怀。

（来源：《长沙晚报》，2018年11月30日03版，《全程创新四十年——长沙县改革开放启示录》）

（14）内蒙古自治区鄂尔多斯市，通过科学利用优越的资源条件，高起点引进和配置生产要素，全面推行资源节约型、环境友好型、集约化的工业和农牧业生产经营方式，创造后发优势，实现跨越式发展，走出了一条西部资源富集地区快速发展的路子。

（15）云南省丽江市，利用当地优势特色资源，做大做强做精旅游产业，以旅游业带动经济社会发展，从名不见经传的西南边陲小镇发展成为富裕繁荣文明和谐的旅游文化名城。

（16）甘肃省定西市，弘扬"领导苦抓、部门苦帮、群众苦干"的精神，发挥比较优势，注重引进国际先进生产模式，把小土豆做成大产业，形成种草养畜—发展沼气—沼渣肥田—增粮增收—改善生态的循环经济模式，初步走出一条自然条件恶劣地区脱贫致富的成功路子。

（17）辽宁省沈阳市铁西区，通过全面贯彻振兴东北地区等老工业基地的战略部署，抓住新一轮经济上升周期的历史机遇，大胆进行行政管理体制改革和国有企业制度创新，充分发挥比较优势，加快技术进步和经济结构调整步伐，完善社会保障体系，使老装备制造业基地焕发勃勃生机。

（18）黑龙江省绥芬河市，通过发挥区位优势，以沿边开放为基本战略，大力发展对俄边境贸易，搭建商贸旅游、进出口加工、跨境投资合作三大产业体系，带动农村和城市建设，推动社会事业全面发展，走出了一条以开放促开发的口岸城市发展之路。

三、大学生社会实践阅读书目

（1）习近平新时代中国特色社会主义思想三十讲
（2）马克思"实践智慧"的当代阐释
（3）在观念激荡与现实变革之间——马克思实践观的当代阐释
（4）中国红色经典案例·马克思主义与中国实践

（5）马克思主义生态观与当代中国实践

（6）实践论

（7）矛盾论

（8）实践 7 个习惯

（9）实践理论大纲

（10）实践理性批判

（11）实践理性

（12）主体的实践：马克思《关于费尔巴哈的提纲》

（13）实践理性的第一原则

（14）实践共同体：学习、意义和身份

（15）实践与真理——认识论研究（中国实践中国话语丛书）

（16）人类行动与实践智慧

（17）学习实践论：时政评论选

（18）实践与公正：马克思的哲学价值观研究

（19）实践智慧的概念史研究

（20）青春实践路 "三下乡"社会实践活动指南

（21）马克思实践哲学的源流及重构思路

（22）大学生社会实践手册——走进乡土乡村 50 问

（23）改革开放以来大学生社会实践研究

（24）大学生志愿服务理论与实践知识读本

（25）大学生思想政治理论实践教育

（26）大学生思想政治理论课社会实践指南

（27）红色之旅：百个爱国主义教育基地

（28）红色革命的摇篮：中宣部首批公布百个爱国主义教育基地精选

（29）现代社会调查方法

（30）民生与社会调查："子牛杯"大学生社会调查报告作品选

参 考 文 献

[1] 柳礼泉. 大学思想政治理论课实践教学研究 [M]. 长沙：湖南大学出版社，2006.

[2] 张蔚萍，张民堂. 思想政治教育教学实践实训编程 [M]. 北京：北京理工大学出版社，2007.

[3] 李捷. 实录毛泽东 [M]. 北京：北京联合出版公司，2018.

[4] 郦波. 阳明心学的精神内涵 [J]. 当代党员，2018（21）：53－55.

[5] 庄萍. 概论课实践教学项目化研究与应用 [J]. 才智，2018（35）：174－175.

[6] 潘宠娟. 在思想政治理论课贯彻落实十九大精神的实践探索 [J]. 教育教学论坛，2018（49）：42－43.

[7] 胡艾筠. 高校思想政治理论课教学实践研究 [J]. 2018（22）：161－162.

[8] 呼和. 大学生社会实践育人机理及运行机制研究 [D]. 北京：北京科技大学，2018.

[9] 甘霖. 高校实践育人研究 [D]. 武汉：武汉大学，2014.

[10] 李迟芳. 高校思想政治教育实践育人对策研究——基于 NC 大学的调查 [D]. 南昌：南昌大学，2018.

[11] 冯尧. 独立学院大学生思想政治教育实践路径研究 [D]. 宜昌：长江大学，2018.

[12] 周谨. 高职思想政治理论课实践教学的路径研究 [D]. 苏州：苏州大学，2010.

[13] 李娟. 高校思想政治理论课社会实践教学研究 [D]. 武汉：华中师范大学，2007.

[14] 薛竹. 为政以德　知行合一 [N]. 重庆日报，2018－11－22.

[15] 人民网：http://www.people.com.cn/.

[16] 中国青年网：http://www.youth.cn/.

[17] 搜狐新闻：http://news.sohu.com/.

[18] 湖南机电职业技术学院官网：http://www.hnjdzy.net/.

［19］红网：http://www.rednet.cn/index.html.

［20］长沙晚报网：https://www.icswb.com/.

［21］中国网：http://www.china.com.cn/.

［22］星辰在线：http://www.changsha.cn/.

［23］湖南日报：http://hnrb.voc.com.cn/.

［24］大江网：http://www.jxnews.com.cn/.

［25］南海网：http://www.hinews.cn/.

［26］党建研究网：http://www.djyj.cn/.

［27］中华人民共和国教育部：http://www.moe.gov.cn/.

［28］中国教育报：http://paper.jyb.cn/.

［29］光明网：http://www.gmw.cn/.

［30］中国共产党新闻网：http://cpc.people.com.cn/.

［31］北青网：http://www.ynet.com/index.html.

［32］新华网：http://www.xinhuanet.com/.

［33］澎湃新闻：https://www.thepaper.cn/.